U0094292

我的履历书

评传

土光敏夫

〔日〕伊丹敬之 著

周征文 译

Dokou Toshio

人民东方出版传媒
People's Oriental Publishing & Media

东方出版社
The Oriental Press

作者简介

[日] 伊丹敬之
一桥大学名誉教授

1969 年修完一桥大学研究生院商学研究专业硕士课程，1972 年修完卡耐基梅隆大学（Carnegie Mellon University）经营研究生院博士课程。之后在一桥大学商学部执教，1985 年成为教授。之后又担任东京理科大学研究生院创新研究专业教授，还曾担任斯坦福大学客座副教授等。其主要著作有《管理控制理论》《经营战略逻辑（第 4 版）》《人本主义企业》《日本型企业治理》《何为好的经营者》《识人用人高手 本田宗一郎》《牵引经济高度成长的男人》《平成的经营》等。

写在前面的话

"我的履历书"是日本最大财经报纸《日本经济新闻》的知名连载专栏，于1956年开设，邀请日本各界及全球的精英亲笔撰写人生经历，每月一人。执笔者中有松下幸之助、本田宗一郎、稻盛和夫，也有英特尔、GE、IBM 等企业的经营者。它曾被《读卖新闻》誉为"时代的见证人"。

其中部分"我的履历书"已被编成图书在日本出版，我们从中精选具有代表性的经营者的自传介绍给中国读者。这些经营者都曾面临生存或发展的困境，然而他们都能秉持正念，心怀为人类社会奉献的大义，以顺势而为和热爱思考的态度成就美好人生……

更重要的是，他们深受东方哲学和中国传统文化的影响，一生都在追求正确的为人之道，追求做人应有的姿态，坚持利他的美好心灵，坚持正确的活法和思维方式。这些追求和坚守与中国读者有着文化上的共鸣和"山川异域，风月同天"的内在联系。

实际上，不管时代如何变化，技术如何发达，古今中外的真理都是相通的，追求"作为人，何谓正确"更是一个历久弥新的人生课题。诚如稻盛和夫在其自传中所说："决定人生的并非好运或厄运，而是我们心灵的状态……对于那些正在认真思考自己人生的人，或者正在认真学习工作和经营精髓的人，我的经验或许可以提供参考。"如果读者能够通过阅读这套自传丛书获得一些启示，借鉴一些经验，我们的出版目的也就实现了。

东方出版社编辑部

前　言

　　提到土光敏夫这位知名的企业经营者，世人对其的主流印象是"重建"。三大组织——石川岛重工业、东芝和日本行政组织的重建，每个都是难题，都在不受土光本人意志左右的情况下接踵而至，使他不得不出手应对。本书便记载了他如此真实的人生轨迹。

　　1950 年，在倒闭危机中挣扎的石川岛重工业任命其子公司的土光为总公司社长。用土光本人的话说，他是"被总公司强拉硬拽过去的"，结果，他成功地重建了石川岛重工业。

　　1965 年，当时虽不至于倒闭但处于长期低迷的东芝将土光敏夫聘为社长，把重建公司的重任托付给了他这个"外来者"。东芝重建的前几年是成功的，然而以 1969 年为分水岭，之后的东芝再次陷入低迷。

　　担任日本经济团体联合会（以下简称"经团联"）会长等职的土光，又在 1981 年"摊"上了临时行政调查会会长的差事。行政改革可谓难题中的难题，非常人所能为。

根据土光的说法，他觉得自己并未成功完成行政改革的任务（可见他对自己有多严格），但我认为他是成功完成了任务。

被赋予诸多重建任务的土光具有的企业经营者的特征，特别是成为成功经营者的原因，我认为可以归纳为两点——基层的高人，凛然的姿态。在土光看来，关心基层情况，重视基层细节，重振基层员工的士气，这正是重建之关键。此外，重建即改革，改革必伴随阵痛，为了让更多的人理解和接受这种阵痛，经营者必须姿态凛然，同时应具备严格、诚意和通情达理的特质。这也是土光成功的原因。

在我看来，无论处于哪个时代，凡是经营者，凡是团结组织、指挥集体的组织运营者，都应重视上述两大经营立足点，并将其铭记于心。

而对如今的日本企业家和经营者而言，土光的战略经营者特质——明示组织全体未来应前进的方向并独自决断相应战略投资的风格，亦是值得学习借鉴的。这种风格可以归纳为"热衷海外扩张""积极成长投资"。

对日本而言，1989—2008年的20年是"失去的20年"，但"雷曼事件"和东日本大地震这两大危机似乎敲醒了广大日企，促使它们开始进行脚踏实地的改革。因此在2009—2018年的10年间，企业的利润率和产能效率皆呈现出喜人的恢复势头。基于此，我认为日企完全可以对自身更自信一点。

而其中尤为重要的，则是如何在取得显著恢复后制定发展的目标和方向，以及如何重获成长的能量。为此，企业经营者除了要具备组织者的特质外，更重要的是发挥"描绘企业未来蓝图"的战略经营者的作用。

土光对于海外扩张和成长投资都颇为积极。与其说这是因为他曾身处日本经济高度成长的时代，不如说是基于他超越同时代经营者的积极性。1952 年，当时的土光觉得石川岛重工业的重建已初现头绪，于是立即开始了几乎每年都开展的海外视察活动。

当时，土光的主要目的在于引进海外技术，但也有调研海外投资地点的意图。其中的代表事例是他在 1955 年对巴西的访问，最终促成于 1958 年在巴西建设投资造船厂一事。该投资数额巨大，以致当时一部分日本媒体在对此进行大肆报道的同时，评价其为"土光的愚举"，但该投资其实取得了巨大的成果。在此经验上，土光又投资建设了位于新加坡裕廊的造船厂。

土光还是第二次世界大战后首个成功促成大型企业合并的大胆经营者。该项目即 1960 年的石川岛重工与播磨造船所的合并，结果是诞生了如今的 IHI（原石川岛播磨重工），由此可见，土光可谓优秀的合并操盘手。

不仅如此，在多元化投资和开拓新业务方面，土光也远比同时代的经营者积极。他在当时开拓的不少新业务如今都成了IHI的核心业务，而喷气发动机可谓其中典型。直至今日，IHI在全球范围内依然是该领域的强者，且该领域已成为IHI的主力赢利业务。回首IHI的发展，其铺路人正是土光，他从1957年就开展了大规模的先行投资，在当时可谓做好了长期赤字的心理准备。

　　基于日本国内市场低出生率及老龄化问题严重而不被看好的状况，"热衷海外扩张""积极成长投资"可谓日企实现发展的关键要素。先锋践行者土光的经营理念，有许多值得如今的日本经营者们学习的亮点。

伊丹敬之

2019年7月

目　录

第2章 被总公司强拉过去当社长

第3章 成为大企业经营者

第5章 "沙丁土光"

第6章 母亲的教诲

第7章 基层的高人

第8章 苟日新，日日新

序章　连续面临重建的人生

三大难题

　　土光敏夫出身于冈山农家，毕业于东京高等工业学校，一度以涡轮机工程师的身份从事着技术工作。这样的职业背景加上种种机缘，使得他成了石川岛重工业的社长，后来又被请去担任东芝的社长，接着担任经团联会长，最后又以临调（第二次临时行政调查会）会长的身份，牵头了日本的国家行政改革。

　　这是对本书主人公土光敏夫最为简略的生平概括，似乎让人有"多彩华丽的经济界经历"之感。其实，土光不喜宴会，也不爱打高尔夫球，反而以坚持朴素的生活方式出名。他崇尚自然健康，喜欢拾掇自家庭院的小田地。这些特质都与大众眼中的"知名经济界人物"大相径庭。

　　纵观土光的职业生涯，可谓独特至极。他进行过的三大重建——1950 年的石川岛重工业的重建，1965 年的东芝的重建，1981 年的行政改革（可谓日本行政的重建）皆为棘手难题。这三大难题几乎以每隔 15 年一次的频率出现在他的面前。土光进行的三大重建，都是因为被贵人赏识而突然"空降"至相应的组织。对土光而言，这些难题与其说是"交予处理"，不如说是"不期而至""被迫招架"。

土光接受了这样的人生，他踏踏实实地解决上述三大难题，并在最后的重建工作中成了国民英雄。这样的男人，究竟是怎样的人物？而上述三次重建，他又是如何做到的？探究这些问题，便是本书的主旨。

作为重建对象，这三大组织之间的共性并不强。首先，重建组织的员工人数差距甚大。石川岛重工业的员工人数约为5000人，东芝约为8万人，日本政府约为150万人。可见，组织规模逐个加码，且每次增加近20倍。换言之，每隔15年，土光就得处理一个新难题，且涉及的难度和规模都是前一个难题的近20倍。

其次，这三大难题涉及的范围和组织完全不同，且处于全然相异的时代背景。

首个难题所涉及的石川岛重工业是重工及造船企业。土光于1950年负责重建时，正值二战后初期，日本的混乱状况余波未平，经济一片低迷。就在他担任石川岛社长的次日，朝鲜战争爆发，大批军需物资订单成了当时刺激日本经济的"强心剂"。

1965年，土光当上东芝（当时称"东京芝浦电气"）的社长，这一年正是日本经济高度成长期由盛至衰的转折点。该高度成长期始于1955年，终于1973年的第一次石油危机。拜时代的大好形势"所赐",不少日企因过度扩大出现了组织冗余的现象,其中的代表之一便是一度因经济高度成长家电消费需求爆发而受到惠泽的东芝。1965年,日本经济迎来低谷期。重振当时受到重创的东芝,便是土光的第二个重建难题。

最艰巨的难题行政改革,则是在1981年"找上"土光的。此时,日本经济高度成长期已结束,日本进入稳定发展时代(1974年至1991年)的中期。当时的日本已然渡过了1973年和1979年两次石油危机,处于休养生息的状态。但日本政府在第一次石油危机中大幅增发的国债,此时的结余已逼近100万亿日元,"重建财政"这一重大国家课题进入人们的视野。要想重建财政,关键要通过行政改革减少政府支出,为此,土光被指定为临调会长。当时已84岁的他,最终接受了这项最为艰巨的任务,可谓拼着一身老骨头为国家和社会鞠躬尽瘁。

在处理上述三大难题的空隙,土光作为一名企业经营者,也十分活跃。1960年,他促成了石川岛重工业和播磨造船所的合并,这次合并在当时被称为"日本战后最大的企业合并案"。1974年,土光就任经团联会长,旨在重整石油危机后的混乱状态,同时为了消除社会对经济界的不信任而四处奔走。

石川岛的重建是成功的。至于行政改革,土光在短时间内整理归纳出大规模的改革方案，并在提交后进入了实施程序，从这点来看，也可以说是成功的。但说到东芝的重建，就难以成败简单概括了。纵观土光7年的东芝社长生涯，可以说前半期算是成功，但后半期从原地踏步走向后退。鉴于此，如果非要论输赢，我认为土光的重建业绩可谓"两胜一平"。

但即便有"一平"，土光的成就也堪称壮举了。尤其考虑到问题的难度，"两胜一平"实属极为优秀的战绩。若再算上石川岛播磨重工业这桩大型合并项目的成功，担任经团联会长期间对提升经济界信赖度的巨大贡献，作为"行政改革领袖"赢得广大国民的认同这三大"加分项"，土光无疑是"昭和的传奇经营者"之一。

土光的走马灯

土光敏夫传奇经营者的一生，是我接下来要重点介绍的内容。土光是个充满戏剧性的人物，假如要为他拍一部传记电影，候选场景简直数不胜数。

在众多的候选场景中，我以时间为线，分别挑出一个在此描述，权当本书的预告篇。至于个中的详细内容，我会在各章予以说明。换言之，此处算是"土光的走马灯"。

场景1：从冈山的小学、中学到东京高等工业学校的学生时代，是土光走上社会前的时期。起初，他立志考取冈山当地的名门县立中学，连考三次皆落榜后，他入学另一所私立中学。在报考东京高等工业学校时，土光又一次首考落榜。面对失败，他毫不气馁，持续奋斗。这便是土光"努力型人生"的真实写照。

场景2：1950年，土光由石川岛重工业旗下的一家分公司社长被提拔为总公司社长。对于这样的人事安排，土光并未视其为提拔，而是将其描述成"强拉硬拽"。重建总公司的过程中，他意识到了组织内沟通交流的重要性，于是决定创设公司内部刊物。就任总公司社长半年后，在长假结束后的正月开工日的早晨，他亲手捧着创刊号站在公司大门前，把它们发给员工。

场景 3：还是就职于石川岛时期。当石川岛的重建步入正轨时，土光因造船疑狱案而成为嫌疑人，于是被关在拘留所。在被关押的单人牢房里，他常常在夜晚透过小小的窗户仰望明亮的月亮。后来，他的嫌疑洗清，被无罪释放。负责调查他的检察官后来感叹道："如此人格卓越之人，实属罕见。"被拘留期间，其他被拘留者根本不知道土光是谁，但被其坚忍的行为感动，开始称他为"老师"。

场景 4：1965 年，土光担任东芝的社长。有一天，他在东芝姬路工厂里讲话。当时，天正下着雨，他却没有撑伞，冒着雨向工厂女工们热情地阐述企业理念。土光扎根基层、热爱基层，经常乘夜班列车前往各地工厂视察，通过亲自亮相把自己的声音带到基层一线，然后又在当天匆忙返回东京。这样的风格和态度令员工们深受感动。而姬路工厂出现的一幕亦是如此。女工们起初撑着伞，站在远处听土光讲话，最后个个收起伞，走到土光身边把他围了起来。她们听得入神，不顾被雨淋湿，大声地喊道："社长请加油！我们也会努力的！"

场景 5：在土光担任经团联会长的时候，有一次，他出席政府与经团联的会议，与会者包括以总理为首的政府官员、自民党成员以及经团联干部，而他在会议上居然朝总理怒吼。时任总理大臣三木武夫对石油危机后的日本经济恶化状况缺乏认识，只顾在会上大谈特谈自民党在地方选举中的输赢，于是，土光忍不住大声怒吼道："总理，要是日本经济掉了底儿，您打算怎么办？"石川岛也好，东芝也好，经团联也好，其中被土光怒吼到发抖的人不在少数，哪怕是日本的总理大臣，土光也不会例外"姑息"。

场景6：在土光担任临调会长的时候，最广为人知的影像记录要数"沙丁土光"了。当时正值行政改革的第三次意见报告提交前，土光罕见地允许NHK电视台进入自己家中采访。节目介绍了土光老夫妇朴素的晚餐：只见饭桌上简单地摆着用家中院子的野菜做成的凉拌菜，还有烤好的咸沙丁鱼干，以及糙米和味噌汤，仅此而已。土光嚼着咸沙丁鱼干，嘴里没有一颗假牙。这是晚间黄金时段特别节目《行政改革的领头人：土光敏夫》的场景之一。节目中，这位健康的84岁老人以自己的朴实打动了观众，此后，社会上反对行政改革的论调急速减少。

为何难题接踵而至?

正如前文所述,土光敏夫面临的三大难题的时代背景和情况各有不同。但他周围的环境每次都较为相似——在接手难题前,周围的人都在旁观土光的工作状态和业绩,其中就有后来拜托他重建组织的相关负责人。换言之,正是因为这些有分量的"贵人"们看好土光,于是才求他担任重建工作的领导。接手上述三大难题起初皆非土光所愿,被苦劝之下(甚至有一半硬拉的成分),他才最终领下艰巨任务。

当年把时任石川岛芝浦涡轮机公司社长的土光拉到总公司石川岛重工业当社长的,是总公司当时的社长笠原逸二。后来,在土光刚辞去石川岛播磨重工业社长一职后不久,时任东芝会长的石坂泰三便拜托他重建东芝。之后,在土光刚辞去经团联会长一职后,指定他担任临调会长的,便是时任行政管理厅长官(后来当上总理)的中曾根康弘。

每次面对受托时,土光都坚决推辞。用他自己的话来说，"在经济界摸爬滚打60载，没有一件事是自己一开始就希望去做的"，一切都是身不由己。正因如此，他领导的重建工作才会不掺杂私欲。从这方面来说，这种抱有无私之心者的确是重建工作的不二人选。

纵观上述三大重建难题，皆与土光之前的工作内容大为不同，既不属于同一领域，难度亦是逐次加码，但为何大家都会找上他呢？

探究这一问题，是本书的核心之一，也希望各位读者能够带着这个问题来阅读本书。我认为，难题朝着土光接踵而至的最直接原因在于拜托他的"贵人"们洞见了他的人格和能力，即认为他是适合纠正组织松懈症结的称职领导。

石川岛也好，东芝也好，日本的行政机关也好，皆是由于内部松懈症结而深陷赤字的组织。要想重建它们，首先要根除该症结。可症结存在已久，且组织规模庞大，根除谈何容易？唯有让组织上下皆认识到症结之要因，并对将来的改革之路表示理解和认同，重建方可行。基于此，一般来说，重建者的条件至少应包括以下三项。

具体来说，第一个条件就是重建者要有自觉的态度。难题找上门来，即便自己并不情愿，可一旦接手，就必须为了重建而主动触及难题核心。换言之，既不可从外围着手，妄求逐渐包围难题核心，也不可大幅依赖周围的人，而应该亲自部署、亲自指挥。唯有重建者亲自冲在前头，下面的人才会心生努力参与重建的意愿。

第二个条件是重建者需要拥有巨大的能量和干劲。因为重建过程中势必会产生激烈的利害冲突，担任指挥角色的领导必要面对艰巨的协调工作。

如果前两个条件属于精神范畴，第三个条件则关乎智慧和姿态。要想让之前被组织松懈之风"毒害"的成员们自觉认识到相应的问题，并心生对其纠正的意愿，单纯地下令消除松懈之风显然无济于事，重建者必须在各个方面下功夫，因此，重建者才需要智慧。但光有智慧也不够，重建者还必须获得下属的信任。换言之，重建者必须在组织中获得信赖感。

至于土光，他作为经营者的两大强烈特征——基层的高人和凛然的姿态使其满足了智慧和信任的条件。

上述三大条件是我在本书中回顾土光人生轨迹的过程中再次感悟到的心得。或许还有上述三大条件之外的条件，但我认为，这三大条件具备较高的抽象度和普遍性。

接下来还有两个问题：拜托他的"贵人"们如何得知土光是极适合负责重建的人才？他们为何确信起初拒绝的土光会在他们的持续说服之下最终受命？

我认为是由于他们拥有大量观察土光之前工作情况和态度的机会。比如石川岛的笠原，他当然熟知自家子公司社长的土光，而且土光当初入职于总公司，因此二人之前就相识。至于东芝的石坂，由于他长期担任石川岛的外部董事，且在他的邀请之下，土光也一度长期担任东芝的外部董事，因此二人接触颇多。而行政管理厅长官中曾根亦类似，由于自民党干部的身份，他与时任经团联会长的土光直接碰面的机会较多。比如土光在会上怒吼总理大臣的一幕，当时中曾根亦在场，并且是他劝解了土光。正是基于这种日积月累的近距离观察，这些"贵人"们才对土光作为经营者的能力、魄力及巨大的能量等有所了解，也正因为如此，他们才会拜托土光接手难题。

进一步说，土光的经营风格和性格特征让其能力和能量容易显露，从而使周围的人容易观察到，容易获取较多的信息。换言之，土光的特质——基层的高人和凛然的姿态具有较高的显性。

土光拥有"日本第一工厂负责人"般热爱基层的特质和性格，以及严格自律的朴素生活作风。土光的经营风格简单明了，因此，不仅是拜托土光处理难题的相关负责人，就连相关组织的成员们（即不得不理解和承受重建阵痛的人）也较易对土光心服口服。

看了也白看？

　　土光不愿意讲述自己的过去。当年他在《日本经济新闻》上连载"我的履历书"时，正值行政改革的关键期，因此连载文章中关乎行政改革的内容多到不成比例，宣传行政改革的目的性较为浓厚。不仅如此，后来该连载结集成书时，他亲自在卷首语的最后写道："对于各位读者，我有一个请求。本书中关于行政改革的部分，希望大家垂阅；至于我个人经历的部分，看了也是浪费时间，所以希望大家草草跳过即可。"

　　作为作者，居然叫读者在阅读时跳过描述自己个人经历的部分，这简直难以想象！但鉴于土光腼腆的性格，这也是其肺腑之言。为了促成行政改革，腼腆的他算是豁出去了，那段时间与土光有关的书籍（包括土光的访谈和语录等）一下子出版了不少。

　　如今，日本的经济和政治依然不见显著起色，因此，有必要进行重建的组织甚多，且不仅限于企业。虽然未处于濒临危机的极端苦境，但正所谓"温水煮青蛙"，在如此慢性萧条的环境下，不知不觉丧失活力的组织不在少数。对于它们，与其用"亟须改革"之类的温和表述，不如用"亟须重建或重塑"之类的硬核表述来唤醒重建的意识。

鉴于此，我认为目前日本经营的重要课题在于"何为重建或重塑所需的哲学和领导资质"。"基层的高人""凛然的姿态"，皆是土光自身人格的写照。前者是对"基层方为重建之原点"这一道理的深度确认。作为"基层的高人"，土光将鼓舞基层、放权基层视为重建的关键。这便是他的哲学。而经营者具备的"凛然的姿态"，不管是对于积极看待重建的人，还是在重建中会吃亏的人，都有一种说服力，让利害相关者都觉得"土光的话只得遵循"。这便是他的领导资质。

作家城山三郎认为土光是"世间稀有之翘楚"："押注每一刹那的魄力活法。如此持续80载，呈现在人们眼前的是一个世间稀有之翘楚。"如此"世间稀有之翘楚"的人生，具备极大的深入思考的价值，又怎能"草草跳过"。我在此保证，阅读土光的生涯，绝不是浪费时间。

第 1 章 『人肉涡轮机』的诞生

调皮鬼

　　人皆有父母，皆有故乡。但二者对一个人的人生所施加的影响如何，则因人而异。对土光敏夫而言，父母和故乡对他的影响颇大。

　　土光出生于冈山县御野郡大野村大字北长濑字辻（现在的冈山县冈山市北区北长濑本町）。如今，这里是一片住宅地，距离山阳新干线的冈山站仅有五六公里。可当时，这里还是沿水路的农地。

　　土光的母亲登美个性极强，且拥有胜过男子的行动力。她不顾自身 70 岁的高龄，几乎自力更生地创办了橘女校（现在称"橘学苑"，现在的橘学苑已是包括初高中教育在内的办学机构。——译者注）。可在该学苑创办后不久，她便与世长辞，土光接过了办学的接力棒。为了橘学苑，土光倾注了　生，可见母亲对他的影响之大。

　　生活朴素的大企业经营者、为橘学苑不断进行大额捐助的女子学苑理事长、行政改革的"魔鬼"，这些在常人看来几乎难以相容的特质和身份，却汇集在了土光敏夫的身上。

土光生于1896年。那一年，发生了明治三陆大海啸，2万余人葬身其中。那一年，也是日本诗人兼童话作家宫泽贤治的诞生之年。

土光敏夫生于农民家庭，用他自己的话来说，他的家庭属于"中上层的富农"。土光是家中次子，包括他在内，家中有3男3女共6个孩子——英太、敏夫、义三郎、满寿子、节子、美子，但由于长子英太夭折，土光敏夫因此被视为家中长子。

从小学生时代起，土光就体格健壮、淘气调皮，是个整天玩耍嬉闹的孩子王。他还是小学运动会上的活跃分子，相扑和跳远都是他的强项。

父亲菊次郎其实是当地的大地主——土光大家族的分支的三儿子，其继承的土地有1町步（约为9917平方米。——译者注），由此可见，土光家其实是土光大家族的分支的分支。与大家族那300町步的土地比，他家的1町步的确不算什么。菊次郎的身体算不上强健，因此从年轻时就不太勤于农务，而是经营农业资材之类的小买卖。据说，菊次郎的性情敦厚老实，不太适合做买卖。

土光小时候经常给父亲帮忙。比如，父亲要把大米、肥料或灯心草运到冈山市内去卖，就要走水路，单程就要2小时。土光为了帮助父亲，则当起了纤夫，他把纤绳背在肩上，走在沟渠中，拽着装着货的小舟前行。此外，他还帮忙装货卸货，包括装满米的草袋等。那时，还是小学生的土光就能独自扛起装有四斗米的米袋，可谓大力士。他那强健的体魄，大概就是源于这样的锻炼。

纤夫干活儿主要用肩和脚，两只手是空出来的，于是，土光便在往返冈山的路程中长时间地集中精神看书。二宫金次郎（又名二宫尊德，是日本江户时代后期著名的农政家和思想家，亦被视为日本国民的道德典范。——译者注）背柴走路看书是日本尽人皆知的佳话，而土光则是一边拉纤一边看书，完全也称得上是佳话了。土光一生都酷爱看书，这样的习惯，或许就是在拉纤的过程中养成的。

伟大的母亲

与父亲菊次郎相比，母亲登美对土光的影响绝对占压倒性优势。

登美去世后，在为她举办 17 周年忌法事的那一年，橘学苑出版了她的追忆集《橘之芬芳》。土光在该追忆集中写道："我对母亲的回忆无穷无尽，究竟该从何写起，让我一筹莫展。说到孩子对母亲的印象，想必人人都是最为深刻的，但我还要愈发深刻一点。哪怕在我尚未懂事的幼时，对母亲的点滴记忆如今都鲜明地刻在我的脑海中，母亲的一言一行，和母亲度过的点滴时光，现在也都能在我脑中生动重现。给予我这么多刻骨铭心的记忆的母亲，如今依然活在我的心中。"

写下这段感想时，土光已是 66 岁高龄，且已是石川岛播磨重工业的社长，但文中依然充满对母亲的热爱和怀念，这也从侧面体现了登美强烈的个性。

登美出生于冈山池田藩的藩士之家——伏见家，18 岁时嫁给了菊次郎。从孩提时起，她就喜欢学习。当时，女孩上小学都不多见，而登美不但上了小学，还在毕业后心生前往东京继续读书的想法，甚至一度做好了离家出走的准备。也许是不忍父母悲伤担心，她最终未能付诸行动。

但她热爱学习、探究真理、重视合理性的特质则一直非常鲜明。长子英太夭折后，登美忍着丧子的悲痛连续一个月每天去给他上坟。当时，她的精神状态让周围的人十分担心，可她最终不仅走出了阴霾，还在后来再次怀孕时尝试了当时对大多数日本人而言闻所未闻的胎教，并对科学育儿法进行了研究。

这般的行动力和探求心着实令人惊叹，但登美也并非一味琢磨理论、钻牛角尖之人，她还喜欢农活园艺，是个热爱自然、学于自然的人。据说，她经常移种自家院子里的树木，这似乎是出于"让树木享受更好环境"的珍视万物生命的动机。土光家的院子里适合移种的树有很多，与附近的其他人家相比，他家的果树种类最多。把自家院中果树结出的果实与家族成员和近邻们分享，是登美的乐趣之一。而邻居们每当碰到各种事情，都会登门找她商量。这使得土光家来客频繁，好不热闹。

多么伟大的母亲。

四度受折

土光小时候，是个实实在在的调皮鬼。就读大野小学时，土光在运动会等场合表现活跃，十分显眼，受到周围小伙伴们的佩服，活脱脱一个孩子王，正如他本人所述的那样："自己的少年时代无忧无虑"。

或许是太热衷于运动和玩乐，土光在考中学时，三度落榜。小学6年级时，土光报考了县立冈山中学（现在的冈山朝日高中），黯然落榜。之后，他直接升至大野小学高等科，又在两年内尝试了两次，结果依然未能考取冈山中学。冈山中学是当时县内名校，会聚了县内众多尖子生，据说竞争率高达10倍。对于上述三度落榜的原因，他写道："至于失败的原因，我的愚钝是一方面，还有我当时爱玩的性格——比起应试学习，我更喜欢淘气调皮。"

第三年，他除了继续报考冈山中学外，还参加了私立关西中学（现在的关西高中）的招生考试，结果合格了。或许他应该早点调整志愿，考虑入读私立中学，但当时他的家庭并没有那么富裕，他幼小的心灵或许已经体察到了这点，因此才迟迟不愿报考私立中学。

在关西中学，他邂逅了一位人格杰出的人物，可见上天虽然给他关上了一扇门，但也为他开了一扇窗。他便是该校校长山内佐太郎。山内原是千叶县佐仓中学的校长，在土光中学3年级时，他被调到关西中学当校长。5年后，山内又被调至兵库县的明石中学当校长。在他任职关西中学校长的短短5年间，土光受了他3年的熏陶。（当时的一些日本中学为5年学制，因此土光从升入3年级到毕业，满打满算有3年的时间。——译者注）

据说，山内制定了当时的关西中学校训，这些校训暗示了土光后来的人生准则。

第一，至诚为本。

第二，勤勉为主。

第三，德操为体。

第四，知能为用。

第五，报告为约。

第六，爱国为修。

对于上述校训，土光后来说："这些校训不仅是挂在嘴边的口号，当时，各位老师都信奉并践行它，从而让学生们耳濡目染，向榜样看齐。"

校训对土光影响深远，尤其是其中的爱国精神，在之后漫长的人生岁月中，土光一直在坚持勤修爱国之心。至于至诚和勤勉，亦是他人生的主题。

土光之所以盛赞山内校长具备伟大的人格，是因为山内充满进取精神，通过自身的行为向师生们展现着校训的精神。比如，在土光从关西中学毕业那年的 5 月，山内自费前往美国学习当地的教育经验，回国后，立即撰写出版了超过 500 页的大部头著作《美国教育概观》。

在这样的环境下，土光以全年级第 2 名的成绩从关西中学毕业。距第 1 名仅一步之遥的排名，给土光的学生时代平添了一抹戏剧化色彩。土光的在校表现记录显示，他对柔道也很擅长，这点和小学时一样——对于锻炼身体，他从不吝啬时间。在中学时，同学们都叫土光"阿敏"，似乎将他视为"老大"。但凡同学间出现矛盾和争吵，都会找土光商量，只要土光出面，矛盾和争吵就能平息。后来的"重建之人"的特质，或许在当时就已崭露。

从关西中学毕业后，为了成为工程师，他立即报考了东京高等工业学校（现在的东京工业大学）机械科。当时，中学毕业生的典型选择共有三个：一是读高中，继而读大学；二是读高等工业学校或高等商业学校之类的职业学校；三是读陆军士官学校或海军士兵学校。读完高中和大学要花费 6 年时间，考虑到家计情况，土光选择了 3 年后即可毕业的高等工业学校。此外，他的伯父土光常次郎是一位优秀的工程师，这是他选择工业学校而非商业学校的原因之一。

在全国所有的高等工业学校中，东京高等工业学校是当时最难考的。土光又一次经历了落榜，又一次经受了挫折。面对失败，土光没有放弃，而是花了一年的时间，一边在家乡的母校大野小学当代职教员，一边努力复习应考。

据说他担任代职教员时，深受孩子们的爱戴。对于其他老师不愿接手的值夜班工作，他每次都积极承担。值夜班时，他除了复习应考，还会把孩子们叫到值班室，义务给他们补习。后来，土光就职于石川岛造船所时，也把基层的少年工人召集起来，举办晚间学习会。他这种"乐于授业"的特征，大概起源于代职教员时代吧。

努力的复习终有回报。第二年，土光以第1名的成绩考取了东京高等工业学校机械科。看到合格通知后，他十分开心，即刻给母亲写信报喜。这件事他一直记忆犹新。从这点亦能看出母亲在土光心中的位置。

在藏前接触基层现场

1917 年 4 月，土光到东京高等工业学校报到，此时的他已经 20 岁。由于之前四度挫折所消耗的时光，他比同届新生平均要大两三岁。此外，由于招生考试成绩顶尖，他被校方指名担任"生长"（"学生之长"之意）。当时，机械科同届新生共计 80 人，成为"生长"后，他成了近 80 人的领导。不管从年龄、成绩还是性格上来看，土光都十分适合"生长"一职。

说到东京高等工业学校的核心奠基人之一，则不得不提手岛精一。1881 年，手岛参与创立了东京职工学校（东京高等工业学校的前身），并于 1890 年担任东京高等工业学校的校长，任职时间长达 25 年。从他就任校长那年起，原来的校名改为东京工业学校。1901 年，校名再度变更为东京高等工业学校。校名的变迁体现了日本工业技术教育的进化发展。直至 1915 年退任东京高等工业学校的校长一职，手岛一直是当时日本工业技术教育领域的先锋人物。

土光在手岛离开东京高等工业学校的两年后入学，因此也算是受到了手岛所留下的教育理念的熏陶。就如该校最初的名字"职工学校"的含义那样，手岛的理念是彻底的"基层现场主义"。换言之，比起学术理论，手岛更专注于让学生习得专业技能和知识，从而使他们成为优秀的技师。也正因为如此，该校学生的学习强度很大：从早上8点到下午4点，每天要学习实践7小时。

在该校的同年级同学中，土光结实了一辈子的挚友——小仓义彦（后来成了东芝的专务），后来，土光还让自己的妹妹嫁给了他。对于东京高等工业学校的教育，小仓曾回忆："在东京高等工业学校学习时，比起学习理论、研究原理，学校更偏重于让我们亲手实践，为了日本工业的发展而劳动。当时的大学生可谓最高学府的天之骄子，个个自尊心极强，但工业学校的学生则不同，我们讲的是实力。由于职业学校的性质，我们常常身穿工作服进行实际作业，学校可谓充满了'实力主义'的校风。"土光也因此在学生时代便接触到了工厂的"基层现场主义"，这也是他后来成为"基层的高人"的原点之一。

当时，东京高等工业学校的校舍位于原国技馆附近，属于东京藏前一带，因此，人们把该校称为"藏前校（藏前高等工业学校）"。与该校仅有一沟之隔的毗邻，便是东京有名的烟花巷——柳桥。那里艺伎的风楼林立，每到傍晚，脂粉味便四处飘散，使得这里的平民居住区热闹非常。

作为穷学生的土光自然没有条件享受这一切，虽然母亲登美曾说"即便变卖田地，也要保证敏夫的学费"，但懂事的土光一直省吃俭用，严格控制每项支出。于是，在一年级时，他便与三个好友一起合租房子，过起了自己买菜烧菜的生活。到了二年级，他便住在一个有名的职业股票交易业者的家中当家庭教师。这份工作报酬不低，他不但不用再向家中伸手要钱，反而还能给家里寄点儿。当然，经济宽裕后，他便能专注于学业了。

学校功课繁忙，实验实习也多，但在忙于学业的同时，土光还热衷于阅读。其间，他读了吉野作造和河上肇的著作，还读了马克思的《资本论》，涉猎范围较广的阅读习惯从那时起便已养成。当然，当时的他也并非全然没有娱乐生活，他喜欢观战助威划船比赛（隅田川的班级赛艇对抗是藏前校当时的热门项目），去曲艺馆听戏，听完戏后去寿司小吃摊解馋……

土光三年级时，遇到了高等工业学校的"文凭升级问题"。土光当时的应对态度有着他日后的处事方式的影子。

问题起源于当时的日本文部省颁发的新政策。该政策使得高等商业学校和高等工业学校有机会升级为大学。基于该政策，当时的东京高等商业学校（现在的一桥大学）被批准升级为大学，可东京高等工业学校却未能立即获得同样的升级待遇。这导致学生们严重不满，他们纷纷指责

"实际和政策不符"。该矛盾逐步升级，最后，学生们还举行示威游行，去当时的文部大臣家门口抗议。

当时，土光并不赞成学校升级为大学。在他看来，高等工业教育机构不同于大学，有其自身的意义和作用，而且一旦自己的学校升级为大学，他就得再多读3年才能毕业，由此增加的学费负担，是他所不希望的。但碍于"生长"的身份，他也不得不表示赞成。

在收集请愿书的阶段，即便被迫赞成自己的学校升级为大学，土光还是认为此抗争无甚意义，因此把收上来的请愿书暂时搁置了。可后来学生们要聚集示威时，他又迫于身份只得站在队伍的前头。换言之，与个人意志相比，土光更重视自己的立场和职责。

这场诉求活动最终以流产而告终，该校升级为大学一事暂时未能实现。土光也顺利地完成了三年的学业。不巧的是，他参加示威游行的照片被登在了杂志上，而看到照片的熟人将此事告知了登美。登美一度甚为担心。对土光而言，比起事件本身，"令母亲担心"才是让他更为揪心的事。

邂逅涡轮机和就职

"藏前校"三年级的暑假，土光凭借微薄的积蓄去了北海道旅行。回到东京后，他在旅费有余的情况下去了位于神田的旧书一条街淘货，其间，偶然看到了一本外国技术图书《蒸汽涡轮机》的日译版。翻阅图书，他立即被书中提到的机械技术吸引，便拿旅行剩余的钱买下了它。这便是他与涡轮机的正式邂逅。

所谓涡轮，即利用流体冲击叶轮转动而产生动力的机械装置，诸如需要高功率回转运动的船舶、工厂的大型发动机以及发电机等，皆以该装置为动力核心。当时，相关技术在日本属于尖端领域，学校老师鲜有教授，但那个时代恰恰又急需这样的动力变换新技术。该技术令年轻的土光心驰神往。

后来的土光成了涡轮机专家，乃至被冠以"人肉涡轮机"的绰号。而这一切的契机，便源于这条离藏前并不远的神田街巷。

三年级的土光迎来了毕业，也到了找工作的时候。当时他最想入职的，大概就是能让自己在第一线研究涡轮机的公司。

最终，他选择了石川岛造船所（下面简称"石川岛"）。这是一家从事造船和陆地大型机械（包括蒸汽机、发电机等）制造的企业，是如今的石川岛播磨重工业公司的前身。当时，石川岛总部位于东京的中央区佃岛，属于实力派中型企业，员工人数在 1000 人左右，对涡轮机领域的研究颇为积极。

在起步薪资方面，当时的石川岛不及三菱等大企业，但开出的两个条件——给予与涡轮机相关的工作和入职三年内给予留洋机会，令土光十分满意。后来，土光亲自指挥了石川岛在巴西和新加坡的建厂投资。由此可见，早在入职前，土光便已然具备"放眼海外"的强烈意识。

入职后，土光的确立即被分配到了涡轮机设计科。那时的他一手翻阅辞典，一手啃着国外文献，不断进行试制。为了完成新型涡轮机的研发任务，土光意识到参考堆积如山的过期德国科学杂志的确是条路，但鉴于自身有限的德语阅读能力，要想参透它们，唯有削减睡眠时间。当时，他通过衡量自己的德语水平和资料数量，得出了"每天只能睡五小时"的结论，于是便真的开始执行了。

日复一日，他逐渐养成了这样的作息习惯：晚上 11 点就寝，第二天早上四点半起床。之后的一生，土光都保持着这样的生活作息。

1922 年 1 月，即土光入职两年后，他被派遣至与石川岛签订独家制造销售合同（地域为东亚）的瑞士 Escher Wyss & Cie. 公司。该公司拥有当时全球最先进的涡轮机技术，土光名义上被派遣，其实属于"研修留学"。土光入职石川岛是 1920 年，而石川岛与 Escher Wyss & Cie. 公司缔结独家制造销售合同（同时包括技术引进合同）则是在次年，由此可推，早在土光入职前，石川岛便开始与 Escher Wyss & Cie. 公司展开交涉。或许正是看到了交涉的眉目，石川岛方面才会在土光入职前承诺在不久的将来把他派遣至海外。

出发前往瑞士前，公司的上司栗田金太郎（时任石川岛董事，且与土光同为"藏前校"毕业生）给土光介绍了一桩婚事。栗田对土光十分中意，因此想把自己的女儿直子嫁给他。直子毕业于东京府立第五女高，可谓有才的女子。土光在参加了一次双方父母在场的相亲后，便把后续事项全权交给母亲登美包办，自己则动身远赴瑞士。登美前往栗田家拜访时，对栗田家朴素的生活和孝敬父母的家风颇为中意，于是敲定了这桩婚事。

而远在瑞士的土光，整天不是在第一线满身油污地进行实操，就是在和技师们讨论问题。一开始，他因为语言障碍十分头痛，仅仅过了一两个月后，他便能够与当地技师激烈争论了，可见他还具有语言天赋。不过，大家都是技术出身，指着面前的部件、机器和图纸进行交流，相比之下也较为容易。

"研修留学"的空隙，土光偶尔会暂时离开第一线，去瑞士的山中放空自己，享受滑雪的乐趣。因不喜宴会而出名的土光，其实早在瑞士研修时，便已表现出了这种性格特征。对此，他曾说道："（瑞士）那边的人酷爱跳舞开派对，生日也好，圣诞节也好，其他各种纪念日也好，反正一有借口就开派对。我这人不会跳舞，可对方出于一片好心，觉得我从东方独自来此，想必十分寂寞，于是每次都热情邀请，这让我愈发难以回绝。于是，我想出了一个办法——扛着雪橇逃到山里。由于我经常借此推掉派对，滑雪技术倒是练出来了。"

果然，土光的滑雪技术越来越好。回国时，他还带了一堆瑞士产的高级滑雪用具。对当时的大多数日本人而言，滑雪还是一项较为稀罕的运动。回到石川岛后，土光教设计科的同事们滑，并在休息日带着他们去上信越地区（上信越是群马县、长野县、新潟县的统称。——译者注）的滑雪场。这似乎与他后来被世人熟知的"工作狂""不打高尔夫的经营者""休息天在自家院子干农活"的"与娱乐活动绝缘"的形象极为不同。

结束两年九个月的瑞士研修生活后，他于1924年10

月回国，并在一个月后与直子举行了结婚仪式。当时，土光 28 岁，直子 19 岁。夫妻的新房是栗田家出的，位于涩谷附近的青山高树町，是一栋独门独院的房子。而在同一地块的别栋，则住着直子的叔伯。

不过新婚宴尔的甜蜜小日子并没有持续多久，两年后，登美便把丈夫菊次郎留在冈山，自己带着土光的妹妹们来到东京，与土光夫妇同住。

心系基层的"人肉涡轮机"

土光从瑞士学成归来后，愈发狂热地钻研涡轮机技术，正可谓渐渐成了"人肉涡轮机"。同时，他十分重视基层现场，经常下去勘察，完全践行"藏前校"的教育理念。

土光善于洞察基层员工的心，能够自然而然地打动他们。此外，他也会下功夫和基层负责人搞好关系，从而取得对方的信任。

当时有个作业车间总是不严格按照设计图制造部件，使得部件的精密度较低，且部件之间留有缝隙。土光赶到现场后，向相关负责人询问缝隙的大小，对方查都不查，就随口说了个数字打发土光。土光没说什么便回去了，次日，土光又去问相同的问题。由于负责人前一天说的数字是信口编造的，因此忘了具体是多少，于是土光叫他当场测量。自不必说，测出的实际数字和他昨天说的不一样，土光狠狠地训斥了他。如此反复，负责人再也不敢扯谎，开始努力减小缝隙、提升精度，同时，对土光也心生敬佩。

土光虽对基层负责人态度严厉，但对年轻工人们却关怀备至。为了提升这些年轻人的技术水平，他办起了晚间学习班，还自己当教师，向他们传授机械工学和电气工学的初级知识。由于学习班是在一天的工作结束后开课，年轻人们自然饥肠辘辘。土光便自掏腰包，给他们叫来乌冬面外卖。于是，学员们一边"吸溜吸溜"地吃着乌冬面，一边认真听他讲课。

心系基层的土光，有着自己的做事原则，倘若对方有错，一定会不留情面地指出，即使对方是上司也不能例外。有一次，他对部长大声说："那样是不对的，必须这样做才行！"声音大到传到了隔壁办公室，使得隔壁办公室的人暗暗佩服他的勇气。此外，还有同事经常目击土光因为下属画的设计图出错而大声怒吼。后来，时任政府内阁副总理的福田赳夫给土光起了个绰号"怒号先生"（"土光"和"怒号"在日语中发音类似。——译者注）。由上述逸事可见，土光这种对谁都敢大声强调自己主张的性格，在较年轻时便已有所显露。

土光体力充沛，对工作热情十足，犹如"拼命三郎"。不知从何起，周围的人开始在背后叫他"人肉涡轮机"，因为他如涡轮机一般不知疲倦地剧烈运转，且声响（嗓门）巨大。这样看来，热衷于涡轮机技术的"涡轮机之人"，逐渐与涡轮机融为一体，终成"人肉涡轮机"。

能体现土光这种工作风格的典型例子，要数当年他去秩父水泥公司上门推销发电机用涡轮机了。

事情发生于 1929 年。先前的石川岛为了获得日本海军舰艇用的蒸汽涡轮机订单而四处联系拜访军部管事的高层（相关的船舶用蒸汽涡轮机技术亦来自与前述 Escher Wyss & Cie. 公司所缔结的技术引进合同），可那时世界风向有变——全球主要国家开始大幅缩减军费开支。在这种大环境下，日本军部对于舰艇用涡轮机的需求急剧萎缩，鉴于此，开发陆上涡轮机（尤其是发电机用涡轮机）便成了石川岛涡轮机部门的重大课题。就在此时，出现了这样一则业内消息——秩父水泥公司计划导入当时日本最大规模的涡轮机设备。

考虑当时涡轮机的行业情况和技术水准，秩父水泥公司的首选自然是外国货。但土光坚信国产涡轮机并不逊色。从瑞士学成归来后的 5 年间，土光一直在积极接手其他公司的涡轮机修理业务，其中不少都是外国设备，在此过程中，他察觉到本国技术和外国技术之间的差距其实较为微弱。此外，倘若这个国内最大规模的项目被外国厂商拿下，则会严重挫伤国产技术领域的士气。

当时仅为"一介技术主任"的他，亲自申请前往秩父水泥公司推销，并最终争取到了与对方领导直接洽谈的机会。他对秩父水泥公司的领导说："在技术方面，我们公司绝对有信心。希望您不要没用过我们的产品，就直接断言它劣于洋货。"对方自然不会就这样轻易相信他，于是反问："我方采用贵司的设备后万一发现缺陷，你们能否以全额负担费用的方式为我们购入一套我方指定的进口涡轮机呢？"对方甩出这番话的目的，大概是为了让土光打退堂鼓。

听到这样的反问后，土光的初始反应的确是有点退缩，但他立马调整心态，毅然回应道："没问题。"面对当时的情况，他并未拿出"我回去和领导商量商量"之类的话术，而是当场拍板答应，这恐怕让对方也吃了一惊。而石川岛内部对于土光此举自然也是大为惊愕："区区一个主任技师，怎么能擅自答应如此重大的事情？"于是，不少人强烈提出"还是别揽这桩生意了"。据说，当时的土光做好了一旦失败就"切腹谢罪"的心理准备，因为以其主任技师的身份，若该项目失败，相关巨额损失绝非他所能承担。

最后，石川岛高层还是站在了土光这边，不但拍板了该项目，而且答应了秩父水泥公司提出的上述条件。高层如此决断的背后，应该包含了土光是栗田董事的女婿这层关系。

对于石川岛的上述决断，秩父水泥公司也甚为惊讶。在土光"夸下海口"前的交涉阶段，秩父水泥公司提出了各种问题，毕竟对秩父水泥公司而言，也不希望出问题，因为重新采购安装设备也是相当头痛的麻烦事。对于秩父水泥公司提出的各种问题，土光都一一明确作答，这似乎也建立了该公司对土光的信任。

交涉完毕、项目上马后，土光每晚都在满天星光中下班回家，有时甚至睡在作业现场。他的努力没有白费，设备试运行一次成功，顺利交付的涡轮机在秩父水泥公司顺利发挥作用。那时正是 1929 年，土光仅仅 32 岁。这一年，他取得了自己的首个技术专利——关于推力轴承的改良。

进入石川岛芝浦涡轮机公司

凭借秩父水泥公司的成功案例，石川岛的涡轮机在业内获得了"优于洋货"的高度评价。大概是该成绩实在可圈可点，在石川岛公司后来编撰的《石川岛重工业108年史》一书中，刊载了该涡轮机的照片。书中的相关描述虽然对土光等人的名字只字不提，但处处洋溢着自豪之情："该设备不仅装机容量在国内首屈一指，而且从设计到专利，皆不依靠国外，属于当时友商们无可比拟的纯国产。"

在此基础上，石川岛愈战愈勇，不断成功向客户交付刷新行业纪录的大型陆上涡轮机设备，当时交付给秩父水泥公司的涡轮机设备的发电规模为7500千瓦时，次年交付给八幡制铁所的涡轮机设备的发电规模就达到了25000千瓦时（当时在日本国内列首位），三年后的1933年，交付给关西共同火力发电公司的涡轮机设备的发电规模为53000千瓦时……公司发展势头可谓势如破竹。

设备的规模扩大意味着技术难度的增加，作为功臣的土光不仅持续争取到大订单，而且以惊人的速度和效率不断取得成功。从交付给秩父水泥公司的涡轮机到交付给关西共同火力发电公司的涡轮机，时间跨度仅有短短的4年，但后者的设备规模却已是前者的7倍。"人肉涡轮机"土光的超高速运转让周围人看在眼里，他也因此晋升为设备设计科科长。

1936年，松村与芝浦制作所（东芝前身企业之一）达成协议，以芝浦制作所和石川岛合资的方式，成立名为"石川岛芝浦涡轮机"的新公司。石川岛通过与瑞士Escher Wyss & Cie. 公司的技术合作，获得了相关的技术知识积累；而芝浦制作所则与美国通用电气公司（以下简称"GE"）展开技术合作。鉴于此，若能让二者的技术知识和专利使用权进行"合体"，便能在发电机和涡轮机行业具备极强的竞争力。新公司旨在把在发电机领域较强的芝浦制作所发电机部门和在涡轮机领域较强的石川岛陆上涡轮机部门进行强强联合，从而打造出能够提供"发电机用涡轮机+发电机"这种解决整套方案的企业。

在实际现场，发电机和涡轮机是成套安装的，因此上述合作在技术层面也较为合理。其实在成立合资公司之前，石川岛的发电机用涡轮机都是与芝浦制作所的发电机一并成套交付给客户的，因此两家企业早已拥有极为紧密的协作关系。不仅如此，在两家企业达成合资意向之前，石川岛便已借用芝浦制作所鹤见工厂的部分用地生产涡轮机。

可土光却对此举表示反对，他亲自找到松村社长提出了自己的异议。土光认为，若与使用 GE 技术的芝浦合资，石川岛的既有技术路线"以 Escher Wyss & Cie. 公司技术为跳板，从而实现纯国产化"就不得不变更。此外，土光还认为这样会影响石川岛与 Escher Wyss & Cie. 公司的合作关系。

土光作为技术人士出身，提出这种意见或许无可厚非，但若站在企业经营者的立场上，鉴于企业重大事业布局的合理性，土光的意见被采纳的可能性微乎其微。事实的确如此，松村社长不但驳回土光的反对意见，还命令他担任新公司的技术部部长。这也是理所当然的，毕竟土光是石川岛涡轮机方面的技术标兵。此时的土光 39 岁，距离当初从瑞士学成回国已过去了 12 年。

赴任新公司，可谓后来招聘土光当社长的东芝公司与他的缘分之开端。在上述合资公司成立三年后的 1939 年，芝浦制作所与东京电气合并，更名为"东京芝浦电气"（现在的东芝）。纵观石川岛芝浦涡轮机公司的资本金结构，石川岛出资 49%，芝浦出资 51%，因此，芝浦在该合资公司的资本关系中略占优势。由此可见，从 1939 年起，土光就等于成了东芝子公司的员工。

石川岛芝浦涡轮机公司的成立仪式于 1936 年 6 月举行，颇为讽刺的是，在仪式上作为新公司员工代表进行宣誓的，恰恰是反对成立新公司的土光。这也体现了他在新公司中举足轻重的地位。成立仪式刚结束，土光便以技术部部长的身份远赴 GE 进行长期研修。与他同去的还有数名员工，他们的任务不仅是学习 GE 的技术，还包括研究新公司鹤见新工厂的建设计划。

同年 2 月，日本陆军将校叛乱事件爆发，且对美国的态度也日益强硬。一边接收着这些资讯，一边在美国待了 5 个月的土光，想必当时心中不禁会进行种种思考。

土光完成 GE 研修后又远赴欧洲，然后乘坐西伯利亚铁路列车前往苏联和中国，最后于 1937 年 2 月回国。这样看来，土光等于花了半年多时间完成了世界一周之旅。1922 年远赴瑞士，1936 年又远赴美国，土光如此广阔且多样的海外经历，对于那个时代的日本人而言，是极为稀罕的。

回国五个月后，40 岁的土光当上了石川岛芝浦涡轮机公司的董事，终于担负起了引领涡轮机公司未来的重任。

第 2 章 被总公司强拉过去当社长

技术人员的操守

土光敏夫虽然成了石川岛芝浦涡轮机公司的董事，但工作内容其实没有太大变化。他依然和之前身为技术部部长时一样，在延续"与众人讨论，深入基层参与工作"的行事风格的同时，一心努力研制性能优越的涡轮机。此外，对于安装交付设备和修理既有涡轮机的工作，他也亲力亲为，且积极接受公司内外的相关委托。因此，他当时经常出差，目的地遍布全国。在争取新订单方面，他也没有闲着，从石川岛芝浦涡轮机公司成立起，他为公司拿到了一笔又一笔大单。

几乎在土光当上石川岛芝浦涡轮机公司董事的同时，兼任公司董事的栗田金太郎便辞去了石川岛的董事之位，标志着他把"接力棒"交给了女婿土光。

1937年，位于鹤见的新工厂总部建设完工，新工厂拥有300台机械设备，可谓当时最先进的制造工厂。对石川岛芝浦涡轮机公司的发展而言，新工厂的成立极为顺利地为其开了个好头。

1941 年，船舶用涡轮机的需求量进一步增加，同时废气涡轮机的需求量亦不断扩大。基于此，石川岛芝浦涡轮机公司于 1943 年在长野县松本建起了大型工厂，旨在生产用于飞机的废气涡轮机和增压器（其原理与如今用在汽车引擎上的涡轮增压技术相同）。当时已被提拔为专务的土光，在新工厂的建设和运营方面发挥了核心作用。

至于新工厂不选址鹤见而建在松本，理由之一大概是躲避当时已然开始的美军空袭。不仅是松本，当时石川岛芝浦涡轮机公司还在周边的辰野、木曾、伊那建起了涉及各个领域的工厂，即所谓的"疏散式生产"。鉴于当时的鹤见工厂依然是石川岛芝浦涡轮机公司重要的生产据点，土光只得频繁地在鹤见和松本间两地跑。土光的家人那时也已经转移至松本。

以技术人员的操守，全心全意投入工作；以数据和信念为纲，时刻做到判断明确，拼命攻克难关。土光如此无私的风骨和姿态，或许正是他赢得信赖的原因。

母亲登美创办橘学苑

母亲登美的事迹亦毫不逊色。在当时物资匮乏的情况下，将近古稀之年的她在一穷二白的情况下，只身创办了女校——橘学苑。

1926年，登美与两个子女一同来到东京，住在了位于青山高树町的土光家里。她的丈夫菊次郎则守在冈山老家，偶尔上京与家人聚聚。

1939年6月，菊次郎和登美的金婚仪式在东京举行。从那时起，土光便寻思着在东京近郊给二老安排一处养老居所。最终，他找到了一块合适的宅基地，这块宅基地位于横滨市鹤见的狮子谷，距离石川岛芝浦涡轮机公司的总部工厂不远。宅基地不仅邻近公司所有地，而且地势较高，能望见富士山。

登美对此处十分中意，于是立马决定开工建新居。可就在新居即将建成的1940年9月，菊次郎离开了人世。1941年，新居建成了，登美和女儿一起住了进去。之前，土光每天要从青山去鹤见上班，有了这栋位于鹤见狮子谷的房子后，他上下班就方便多了。

在土光为父母计划并建成狮子谷新居的过程中，日本则日渐陷入对外战争和军国主义的泥潭。对于在穷兵黩武之路上越走越远的日本，登美经常思考自己能做些什么。经过一番思索，她认为要让日本的母亲们好好教育自己的孩子，就要把孩子们从襁褓时起就培养成爱好和平之人，为此，就必须实施到位的女子教育。这样考虑后，她决定把创办女校作为自己的天职。

其实在较早之前，登美便向周围的亲近之人表露过上述想法。1941 年 9 月，在菊次郎 1 周年忌法事现场，她宣布将付诸行动，实现这个心愿。登美深知土光及其家人会反对，但心意已决。果然，在发表上述宣言后，家人们强烈反对她创办女校，毕竟当时的登美已过 70 岁，家中也没有足以办学的资金，而土光身为涡轮机技术专家，当时正忙得不可开交，根本无暇帮助母亲，再加上战时大环境，整个国家的物资都严重匮乏。

可登美意志坚决，她主张道："亡国的祸端并不在于恶行，而是国民的愚昧。尤其是对女性的教育，必须妥善到位。所以，我希望建一所能够培养出拥有正确信念的女校。"说干就干，登美开始着手筹办学校。当时，她把狮子谷居所对面的土地设定为建校用地。为了购入这块土地她去说服地主，对在这块地耕作的佃户予以补偿，筹备开工建设，招聘教员……在她的努力下，橘女校（现在的橘学苑）这所四年制综合专科学校于1942年4月在临时借用的校舍中开学。这距离她于1941年9月宣布该计划才过去了短短半年，其效率和速度着实惊人。

1945年4月21日，在橘学苑成功创办的短短3年后（当时学校运营终于开始步入正轨），登美因积劳成疾病逝，享年73岁。对于此事，土光如此写道："为了创办橘学苑，母亲当年付出了非常大的努力和辛劳，她为了运营学校殚精竭虑，甚至献出了自己的生命……她真是一个充满信念之人。"

至于橘学苑，如今依然在鹤见狮子谷培养学生。校园内立着石碑，上面刻着登美生前的名言——行正义者当自强。当初强烈反对母亲办学的土光，却终生与橘学苑结下了不解之缘。他不但担任该校的理事长和校长等职，还把大部分收入用于资助该校，成了橘学苑的常年巨额捐赠者。母亲登美的姿态，俨然成为土光的人生指路牌。

成为"涡轮机社长"

就在登美如愿创办橘学苑的同时，土光所在的石川岛芝浦涡轮机公司则在深度参与喷气发动机研发项目。后来，土光受命担任石川岛总公司社长后，石川岛成为日本喷气发动机领域的核心级企业。

1946年5月，土光任社长一职，成了拥有大约2000名员工的企业的领导。为了保障员工的生活，土光乘坐夜班列车频繁往返于鹤见和松本。有时列车里根本没有座位可坐，许多个夜晚，他就只能站着睡觉。

当时，众多日企皆直面两大难题——资金筹措和劳动纠纷。石川岛芝浦涡轮机公司也不例外。为了解决它们，土光凭借非凡的韧劲和对基层的熟悉，苦思对策，阵前指挥。

身为社长，土光四处奔走的首要目的便是筹措资金。对此，土光后来写："有一天，我实在苦于资金周转，便前往第一银行的总行。当时的营业部次长是长谷川重三郎先生（后来任行长）。到了总行后，我对他说：'今天务必请您予以融资。我连盒饭都准备好了，在这里待到明天天亮都没关系。'盒饭是我从松本工厂回来的途中买的，当时在火车站买了好几盒。我也明白，在那样的大环境下，银行的资金也不宽裕，可我们这些企业更不容易。拿着盒饭去，是为了表明我不达目的誓不罢休的决心。或许是我这种不退缩的意志打动了长谷川先生，他最终答应给予资金援助。"对于那时的土光，长谷川一直记忆犹新。在土光后来成为总公司石川岛重工业（原名石川岛造船所，1945年更名）的社长并筹划与播磨造船所的合并之事时，长谷川也提供了巨大的帮助。人与人的信用和缘分，正可谓细水长流。

在处理劳动纠纷方面，土光同样坚忍不拔。对于持续至深夜的交涉，他毫不退缩，一遍又一遍地反复强调相同的主张。站在公司的立场上，或许他也只能如此反复地给予相同的答复吧。

对于精力充沛且不怕打持久疲劳战的土光，工会干部们给他起了两大绰号——山手线和夜间轰炸机。"山手线"，是因为土光在处理纠纷时，会连续数小时地坚持己见，反复说服对方，这使得双方的争论陷入"转圈圈"的状况，就好像没有终点的铁路环线——山手线一样，无法得出结论。至于"夜间轰炸机"，是因为土光要求交涉活动必须在下班后进行，且他会在争论时打持久战，哪怕到了半夜，他也会奉陪到底。

工会干部给他起的上述绰号，其实也有敬意和感情的因素在，即所谓的"虽是敌人，但值得钦佩"。也正因为如此，土光后来担任总公司的社长时，子公司（石川岛芝浦涡轮机公司）的工会干部才会把这两个绰号告诉总公司的工会干部。

而在工厂的基层现场处理生产事故等状况时，土光充分做到了阵前指挥。1946年4月入职于石川岛芝浦涡轮机公司的稻叶兴作（后来成为石川岛播磨重工业的社长）上岗后不久，公司便发生了一起试运行压缩机的传动轴断裂的事故。当时的现场负责人身受重伤，一度生命垂危。土光闻讯后立马赶到现场，与其他人一起扛起担架把伤者搬至卡车上。到了医院后，医生说要输血，血型相符的稻叶申请献血，土光却对他说："你是新员工，要献血也得排最后。"稻叶感言，此事让他感受到了土光的暖心情谊，令他深受感动。

土光这种亲力亲为的精神，在申请政府颁发的"机械产业振兴补助金"时，亦发挥了重大作用。土光当时一度成为通产省的名人，加上他形似比叡山武僧的外貌，还被那里的官员冠以"恶僧"之名。

由此可见，土光这种坚忍不拔、魄力十足的处事方式影响颇广，不仅限于企业内部，还波及金融机构乃至政府机关。而他的做法也的确奏效，石川岛芝浦涡轮机公司先于其总公司石川岛重工业（以下简称"石川岛"），在战后的混乱中重新站稳脚跟。

第一号难题重建总公司

　　周围人对于土光的表现看在眼里，因此领导突然钦定他重建陷于经营困难的总公司，或许也是水到渠成之事。正如前述，纵观土光的一生，接手的各种难题皆非他所愿。当然，此时的土光全然不知自己今后的艰巨使命。

　　1950 年，土光已经担任石川岛芝浦涡轮机公司社长 4 年了。这年 6 月，在公司的董事干部会议上，时任总公司社长的笠原逸二突然起身对土光说："请你暂时离席一会儿。"原来，笠原要说服其他董事干部，让他们同意自己把土光带去总公司。

　　前一年的船舶改造大项目造成的严重赤字，总公司的经营状况不容乐观，相关的融资银行也暗示公司经营层必须换血，土光因此成了新社长的候选人。相关的小道消息早已不胫而走，对此，石川岛芝浦涡轮机公司的董事干部们一致决定"不交出土光"，可在总公司社长的强求面前，他们之前的决定瞬间崩塌。于是，土光在并非自愿的情况下，被选为总公司社长。用他自己的话来说，他是"被总公司强拉硬拽过去的"。

与只涉及涡轮机业务的子公司——石川岛芝浦涡轮机公司不同,总公司的业务范围包括造船、产业机械、起重机、锅炉、动力机等,种类繁多。此外,总公司的员工总数接近5000人。由此可见,土光要经营的是一家与之前类型不同且更为复杂的企业。

离开石川岛芝浦涡轮机公司那日,土光对员工们留下的训示谏言让稻叶至今记忆犹新。土光说:"日本的能源产业前景广阔,因此涡轮机之类的回转型设备技术至关重要。今后公司就拜托各位了。"

这是"人肉涡轮机"的肺腑之言。可在他讲完这番话的11年后(1961年),石川岛就把持有的石川岛芝浦涡轮机公司的股份全部卖给了合资方东芝。当时,涡轮机业务所需的投资金额日益增加,身为总公司的社长,土光认为如果转让给东芝,反而对涡轮机业务的发展更为有利,因此作出了变卖石川岛芝浦涡轮机公司的最终决断。

亲手卖掉自己倾注心血、一手"养"大的企业,想必是苦涩的。巧合的是,在作出此举的4年后(1965年),土光被东芝聘为社长,与自己曾经出售的涡轮机业务再度相逢。不愧是热衷于涡轮机技术的"人肉涡轮机",土光与涡轮机的缘分真是藕断丝连。

再说回土光被"强拉硬拽"去总公司当社长一事。他刚上任时，石川岛一直延迟发放员工工资，劳动纠纷此起彼伏，且公司股价已跌到票面额以下，形势一片低迷。对此，土光毅然作出了一个壮举——用自己从石川岛芝浦涡轮机公司获得的全数退职金买了石川岛的股票。这彰显了他的态度，也断了退路。但土光当时从未对他人提起过这个"背水一战"的义举。

走马上任时，土光从原来的子公司只带了一名助手——财务总监下村礼辅。在就任总公司社长当日，他就突然命令相关负责人把所有发票和收据都交到社长办公室。当然，土光不可能一下子全都过目，此举旨在示警整个组织——社长凡事都会明察，不要以为能糊弄过去。果然，从次月起，公司的费用支出及非必要开支锐减。

此外，他还广泛找员工进行一对一谈话。谈话的对象不限于要职人员，还包括部科长级的员工乃至股长级员工。这样做的目的有二：一是围绕公司将来的理想状态征求基层现场的意见；二是直接确认公司的人才类型及分布，即掌握在什么地方有什么人才。

对于临危受命的经营者而言，上述手段皆合乎逻辑。事实上，他也的确做到了兼听意见——在听取某名科长"应充实研究"的意见后，他便设立了技术研究所；在听取某些员工"要提高产能，应先调查基层现场"的意见后，他便成立了产能调查小组，该小组基于科学分析，提出了"引入新生产管理方式"之类的改良建议……

不仅如此，土光还重视与公司全员的沟通。基于该想法，他于就任半年后的 1951 年 1 月创办了公司内部期刊《石川岛》。在春节后正月初四的员工返厂开工日，身为社长的土光亲自站在大门口，向员工们派发该刊物的创刊号。大概是过节的气氛意犹未尽，据说当时有个员工在大衣里偷偷藏了一升装的日本酒来上工。土光见状后只是苦笑，假装没看见。

在该创刊号的卷首，土光亲自撰写了《年头致辞》一文。文中宣布了下列 5 条新经营方针，并对各条进行了详细解释。

1. 确立各工厂独立核算制；

2. 确立健全的经营体制；

3. 接单有条有理，产品种类统一；

4. 盘活组织，提高效率；

5. 改善公司风气，巩固公司纪律。

上述方针算不上"大刀阔斧的改革"之类的惊人之举，但当时的石川岛正因为在这些理所当然的方面做不到位，才陷入经营危机。在致辞中，土光还坦言"公司当下在外部的信用度并不乐观"，并在最后总结，"培养即时应对世界局势变化的意识，方为眼下要务"。

如他所言，1950 年至 1951 年的世界风云变幻。1950

年6月24日，土光就任了总公司社长。依靠特需订单，石川岛的业绩上扬，势头迅猛，与1950年上半个财报期（4月至9月）不足7亿日元的销售额相比，下半个财报期（10月至次年3月）的销售额实现了倍增，超过了15亿日元。在那之后，大规模的改善依然持续。

主张"学习瑞士"的现场主义者

1951 年 3 月，土光第二次执笔，在公司第 3 期内部期刊写下了题为《重工业的未来》的卷首语，旨在向广大员工描述公司将来的愿景。

在文章中，土光首先介绍了自己 30 年前去瑞士长期研修的经历，并阐述："瑞士的国土面积小于日本，且同样缺乏资源，但惊人的是，瑞士拥有世界顶尖的文化和财富，以及与小国身份不成比例的长期和平环境。"他评述："日本的人口有 8000 多万，几乎是瑞士的 20 倍，所以日本的未来前途光明。因为我相信，日本人的素质和能力并不亚于瑞士人。"

在该文最后，他如此写道："日本人不擅于盘活组织。不管在技术方面还是事务方面，乃至经营方面，总是倾向于刚愎自用、依赖直觉，缺乏科学依据和基础。日本人明明拥有不错的素质和能力，却因这样的顽疾始终无法迈入正轨，亦无法实现真正的发展进步。所以，大家要摒弃刚愎自用的陋习，让组织更灵活，让企业敢于讲科学、乐于讲科学，并依靠科学知识激活头脑、磨砺技术，且不忘每日坚持付出真挚的努力。"

这番话可谓日后贯穿土光经营者生涯的基本思想。可见，从出发点起，他的基本思想就终生未变。这正是后来人称土光为"理性先生"的原因。

土光排斥单纯的精神主义，旨在推行重视科学思维的企业经营活动。在1951年6月的公司内部期刊中，土光向全体员工披露了股东大会批准赤字决算（工程赔损金）（这也是他被"硬拽"到总公司当社长的原因所在）这一重大事件，并强调"仅凭毫不动摇的决心，无法解决赤字问题"。这亦显著地体现了土光摆事实、重理性的态度。在上述文章中，土光还写道："领导队伍先要有自觉性，加上全体员工强有力的协助配合，通过各方面的每日钻研、改良，以及基于科学数字的事实确认，从而合理解决问题，创造成果。"

由此可见，在走马上任后的1年间，土光利用各种机会，迅速且持续地向全体员工传达了两个关键点：一是企业经营实情，二是在了解实情的基础上，若能合理、科学、有针对性地努力奋斗，公司就有未来。公司内部期刊是发声的绝好载体，以致后来着手重建东芝时，土光亦重视凭借公司内部期刊实现内部沟通。而其原点，便是《石川岛》。

此外，土光还保持着他"现场主义者"的优良传统，同时也专注细节。

只要有空，他就会去工厂车间转转。仅靠听车间设备运转时的杂音和异响，他就能推断出机械的故障和原因。这使得基层员工对他信服不已。不仅如此，据说他还是审查报告的高手——任何妄图蒙混过关的报告，都逃不过他的法眼。在审读下属提交的报告时，报告中的措辞及态度一旦古怪，土光就会敏锐地察觉到；对于报告中不合逻辑之处，他也能一眼识破。毕竟土光曾长期从事设计工作，而机械设计讲的正是合理要素的合理组合。正是这些教训和经验，让土光培养出了这种敏锐的感觉。这可谓现场主义者的真本事。

土光自己也承认上述能力在重建石川岛时发挥了重要作用，他在著作中写道："对于下面提交上来的请示书和计划书，我会立即审视和确认其内容，然后退回修改。这样来回三四次，相关费用一栏的金额就减至最初的 1/3 左右。这种削减费用的努力最终见效，记得在有一年的经济界年鉴里，石川岛荣获'全日本最抠企业'的称号。"

在重建石川岛的过程中，土光一方面削减不必要的费用，另一方面又提出"学习瑞士"的宏大梦想。将"大梦"和"小气"这两种看似对立的特质集于一身，或许便是土光的魅力所在。

重建见头绪，立即渡重洋

　　土光一直高瞻远瞩，视野广阔，典型表现是当石川岛的重建初见头绪后，他便立即放眼世界。

　　纵观当时的公司内部期刊，亦能察觉这点。在就任社长的第 3 个年头（1952 年），土光在 6 月的公司内部期刊（刚好在年度决算出炉后出刊）中亲自发表了决算报告，并阐述了基于此的今后方针。可从 1953 年起，公司内部期刊中不见了相关内容，这应该是因为土光认为公司重建的基础已在 1952 年度夯实。

　　在最后一次亲自发表决算报告的公司内部期刊（1952年 6 月刊）的卷首语部分，土光在写下"本期决算的盈利额为 6600 万日元，股息红利为 15 分，我们公司的重建渐渐有了头绪"后，还不忘强调道："提升技术、统筹设备、增强资本，此三者皆为决定石川岛重工未来的重大课题，需要具备巨大的勇气，付出莫大的努力去解决它们。请诸位结合世界局势及日本现状，试着想象一下我们石川岛重工 5 年后的样子，怎能不令人心情激动、兴奋不已？"

为了亲眼确认世界局势，心情激动、兴奋不已的土光从1952年起，进行了为期一个半月的美国"观察"之旅（对于此行，当时的公司内部期刊用了"观察"一词）。此后连续四年，他每年都会花一个月以上的时间前往欧美等地视察。而像土光这样连续四年去海外视察一个月以上的企业领导，在当时可谓屈指可数。由此可见，在同时代的经营者中，土光的国际眼光可谓卓越独到。

　　最初的两次海外视察，土光在回国后都会在公司内部期刊上发表感想，并在公司内部举行回国汇报演讲，与员工们分享自己的见闻。比如，1953年4月，他以《美国印象》为题撰文，在文中感叹美国当时欣欣向荣的经济活力；1954年2月，他举行了题为《我们要学习联邦德国惊人的飞跃和重建之气魄》的回国汇报演讲。

　　可在1955年后，公司内部期刊上再无土光关于海外视察感想的文章，公司内也再无土光举行回国汇报演讲的记录，但许多员工的出国公干报道反而从1954年起见诸公司内部期刊。由此可见，在土光的率先垂范下，整个公司都开始放眼海外。

　　土光屡次考察海外且停留时间较长的理由，主要有两点：一是洽谈技术引进事宜，二是加强与已缔结技术引进合同之企业的合作关系。在公司内曾一度负责技术引进事务的西崎镇夫董事在1952年4月死于三原山空难后，土光便站在了技术引进的第一线。

就任石川岛社长后不久，土光便接连实施了不少重磅的技术引进项目。这些项目皆授权石川岛为日本国内独家制造及销售商，为石川岛陆上机械部门的多元化发展奠定了重要基础。相关项目如下：

1951 年 12 月，引进美国 AETNA 公司的制铁用机械技术；

1952 年 4 月，引进美国 Foster Wheeler 公司的水陆用锅炉技术；

1952 年 8 月，引进美国 KOLLING 公司的建筑机械技术；

1954 年 2 月，引进美国 Joy 公司的空压机技术；

1956 年 6 月，引进美国 GE 公司的各类涡轮机技术（用于航空器等）；

1956 年 10 月，引进美国 Chicago Iron Bridge 公司的槽罐技术。

上述技术引进的举措当然包含消除战后日美之间技术差距这样的直接目的，除此之外，土光也拥有"消化引进技术，最终为我所用"的信心。他对自己公司乃至全日本的技术水平十分自信。这份自信，源于他在战前前往瑞士负责技术引进的成功经验。对此，他曾感言："哪怕洋货，质量和功能惊人般优秀的也很少。此外，如果引进后不懂怎么用，无法百分之百地发挥其作用，或者自身不具备改良的技术，则引进也是徒劳。所以归根到底，我国的企业和技术人员能够用好引进的技术，是因为本身就具备十分优秀的技术基础……自不必说，支撑我国高技术水平的，是我国技术从业者们难以言尽的刻苦钻研和积累。"

再次挑战喷气发动机

就任石川岛社长后，土光便立即下令，重启喷气发动机研发项目。

石川岛公司编撰的《石川岛重工业 108 年史》的"技术发展史篇"详细记载了石川岛各个业务领域的技术发展史。依据各业务领域对公司的重要性，各个业务领域的排序为船舶、船舶用涡轮机、喷气发动机、核能、锅炉、风力水力机械、搬运装卸机械等。数十年后，喷气发动机成为石川岛的重要创收业务。可由上述排序可见，即便早在那之前的 1961 年，喷气发动机已是代表公司的第 3 大技术领域。

1953 年，土光又先于竞争对手，率先在公司的技术研究所内配备了各种用于喷气发动机研发的试验装置，正式启动了研发工作。同年，在日本政府的主导下，石川岛与富士精密等 4 家企业共同成立了"日本喷气发动机株式会社"，旨在推进和实现国产喷气发动机的研发和制造。

家里是"零分爸爸"？

本章所介绍的土光的这一人生阶段基本以 1953 年为结尾。这一年的土光已经 57 岁，膝下有三子二女——长子阳一郎、长女礼子、次女纪子、次子哲夫、三女立子。妻子直子作为专职主妇，操持着家中大小事务，土光可谓撒手不管。

多年后，长子阳一郎接受土光的家乡——冈山的电视台的采访。当记者问及土光在家中的状态时，他答道："如果从是否陪孩子出门游玩、是否帮忙做家务的角度评判，那他只能得零分，完全是个'零分爸爸'。"次子哲夫也流露过同样的想法。

这样的父亲形象，可谓那个时代日本男人的"工作狂"典型。早出晚归，早上离家时孩子未醒，下班回家时孩子已睡。工作日就算了，可哪怕在休息日，土光也不带孩子们出去玩，而是常常一整天待在书房里看书。

但作为父亲，他这种努力且凛然的姿态对孩子们也起到了表率作用。长子阳一郎后来成了工程师，大学毕业后立即入职石川岛，且与其父从事相同的涡轮机设计工作。当时的土光还在石川岛芝浦涡轮机公司。次子哲夫则在土光就任石川岛社长后，入职了石川岛芝浦涡轮机公司，从事的是人事及总务方面的工作。如前所述，该公司后来被并入东芝，他也自然而然地成了东芝的员工。而再后来，土光成了东芝的社长。

可见，无论长子阳一郎还是次子哲夫，都有相当一段时间与父亲土光在同一家公司里共事——阳一郎是石川岛，哲夫是东芝，而且二人的情况如出一辙——当初明明故意选了没有父亲的公司，可后来父亲都来该公司当了社长。

阳一郎入职石川岛是在第二次世界大战后不久。当时，阳一郎找土光商量道："我去东芝如何？"土光说："你要进石川岛是没问题的。"求职事宜就这么被一句话搞定了。如此说来，土光的岳父也曾是他当初在职石川岛时的上司，而长子阳一郎的儿子也就职于东芝，由此可见，土光并不在意公司内有自己的家属，这让人有点出乎意料。

除了工作上，在住处方面，土光和子女之间也住得很近。前面提到，土光当初给父母准备了位于狮子谷的居所，后来土光也在那里常住。而长子阳一郎和次子哲夫在成婚独立后，也都把自己的家建在了狮子谷。一整个大家族关系和睦、走动频繁。土光年事已高时，5个子女依然以每年至少两次的频率齐聚于狮子谷的土光家中。

土光驾鹤西去后，长子阳一郎担任了土光母亲登美创办的橘学苑的理事长，长女礼子则任校长。不仅是工作和居所，就连人生轨迹，土光的子女都传承了家族的渊源。这正是土光教子有方的体现。

　　即便是表象上只能打零分的爸爸，但做人正直、性情厚重的土光，依然让人感受到了如山的父爱。纵观土光子女的成长过程，先是历经战时及战后的艰苦岁月，之后又遭遇日本社会价值观发生翻天覆地变化的转型期，再加上青少年普遍容易多愁善感。即使经历这些，子女们还是取得了卓越的成绩，因而可知，土光给他们作出的表率，想必是令人印象深刻的。

第 3 章 成为大企业经营者

卷入造船疑狱

1952 年，石川岛的经营重建迈入正轨后，土光就开始利用年末的休假时间前往欧美各国视察。这种每年一次的海外视察持续了两年——1952 年末去的是美国，1953 年末去的是欧美。两次视察都为期将近一个半月，且皆以对进行技术合作的企业进行访问和与其沟通为核心目的。

1954 年 2 月，土光视察结束回国后，等待他的却是国内政治风波的重大考验——他被卷入了造船疑狱，并在东京拘留所待了 20 天。

最终被无罪释放的土光又开始更为大胆地开拓事业，进军巴西，与播磨造船所合并，制订颇具野心的长期计划，活用技术合作进行多角度经营，重启喷气发动机项目等。凭借经受考验和战胜挑战的一系列成功，土光以"大型经营者"的身份在日本经济界声名鹊起。本章主要记述土光这 10 年间的轨迹（直至他离开石川岛）。

1954 年 2 月 21 日，土光围绕欧美之行，召集科长级别以上的干部进行了长达两小时的回国汇报演讲。演讲的题目为《我们要学习联邦德国惊人的飞跃和重建之气魄》，演讲中，他认为此次视察令他印象最为深刻的，要数联邦德国令人瞩目的复兴势头。他向干部们强调："联邦德国的复兴缘何实现？其彻底利用美国马歇尔计划的援助政策自然是一大原因，但比起这点，联邦德国人民从一片废墟、空白，不，应该说从负数层级的恶劣环境站起来的坚强意志、不屈精神，以及自力复兴的雄壮气魄，才是联邦德国跌倒后又崛起的关键。"日本也好，石川岛也好，也必须具备这种自力复兴的气魄——这才是土光讲话的中心思想。这实在太符合他的风格了。

就在回国汇报演讲后的一个半月不到的 4 月 2 日，土光便被带到了东京拘留所，且一拘就是 20 天。原因是他被卷入了当时的造船疑狱事件。

为了重振战后的海运业，日本政府积极投入资金，大力扶植各家海运日企推进新的造船项目，典型做法是对新的造船项目的贷款给予利息补贴等优惠。得益于如此的政策倾斜，石川岛当时涉及造船业务的销售额占公司总销售额将近五成。这种政府将大量资金分配给特定产业的做法，容易导致出现收受贿赂的行为。哪怕在那之后的时代，这种做法的弊端也一直存在，且相关丑闻也屡见不鲜。而造船疑狱事件，使多数从事海运或造船行业的大企业深陷其中，在政界，也差一点导致时任自由党干事长佐藤荣作

（后来任总理大臣）被东京地方检察厅特搜部调查。在法务大臣行使指挥权的庇护下，佐藤干事长才免于被捕，该事件也由此落下帷幕。

土光之所以被拘留，据说是由于他有参与石川岛向饭野海运公司违规提供回扣的嫌疑。其实，土光视察欧美时，访问对象主要是与石川岛进行技术合作的企业，其中的技术合作内容，有许多都是土光着眼于各种陆上机械设备的未来布局。

1954年4月2日早晨，土光在位于鹤见狮子谷的自家门前附近的公交车站等车时，负责该案件的检察官叫住了他。那名检察官刚刚去过土光家，土光的妻子告诉他，自己的丈夫应该在公交站等车。于是，检察官真的在公交站发现了石川岛的社长。据这名检察官后来回忆，他没想到这般大企业的社长居然每天坐公交和列车通勤，且住宅极为朴素，这使得他顿时对土光心生敬佩。

检察官叫住土光并确认其身份后，便和土光一起，再度回到土光家中进行了屋内搜查。之后，土光难得叫公司派车，载其前往位于千代田区霞关的东京地方检察厅接受传唤。最后，他被检察厅移送至东京拘留所并在那里待了20天，其间接受了一系列调查询问。

拘留所窗外那青绿色的月亮

当时负责调查询问土光的检察官，就是后来成为总检察长的伊藤荣树。在退任总检察长后，伊藤写了一本题为《秋霜烈日：担任总检察长之回想》的书。该书总共31章，回忆叙述了其经手的各宗案子，最初的5章讲的都是造船疑狱事件，且第1章的标题就是"关于土光先生"。该书出版发行于1988年，当时正值土光掌舵政府行政改革工作之时。而伊藤对行文内容、章节安排及出版时机的选择，或许也有这层考虑。

对于土光当年接受调查询问时的态度，伊藤深受震动。鉴于职业性质，对伊藤而言，在审讯室与嫌疑人一对一"对峙"可谓家常便饭，而对于土光的印象，他却在书中写道："（通过审讯工作，）我见过各种嫌疑人隐藏在表面之下的真实人格和状态，其中也有好几位真正刚直不阿之士，让我由衷感到服气。能与这种人格卓越者相遇相谈，也算是检察官的幸运吧。而若论这类人格卓越者的第一代表，则要数土光先生了。"

4月初还是乍暖还寒的季节，每逢接受调查询问，还围着围巾的土光都会在审讯室门前摘掉围巾，然后姿势端正地坐在审讯室的椅子上，等待桌子另一头的检察官发问。对于检察官提出的问题，他从不迎合，而是以毅然的态度，明确地回答需要回答的内容。对此，伊藤亦在自己的书中感叹："在我审讯过的嫌疑人中，他真属于了不得的。"

最终，土光被免于起诉。该事件后，伊藤曾对周围的人说："我不太清楚经济界的情况，石川岛社长这个位子的确也算高位了，但我总觉得，那个人（土光）以后还会成为更了不起的人。"后来，伊藤也从他人口中得知，土光也曾说："那个检察官虽然年轻，但很优秀，日后必成大器。"这大概就是所谓的"英雄识英雄"吧。

在土光被拘期间受其感铭的，不只是检察官，还有被拘的其他人。对于这段被拘经历，土光写道："（那段）拘留生活，对我而言可谓远离繁忙的难得休养。尤其是从拘留所窗口仰望到的月亮，令我印象深刻。那月亮呈现青绿色，美丽中透着神秘。"

土光被拘期间，造船疑狱事件的发展可谓激荡。4月14日，时任自由党干事长佐藤荣作秘密接受了检察机关的非强制性调查询问。当该事件将要牵连政界中枢时，当时的法务大臣犬养驳回了检察机关关于"逮捕佐藤"的请求，并于同月21日行使指挥权，宣布延后逮捕请求；而在

22 日，犬养辞去了法务大臣一职。在这一通"操作"下，该事件大事化小小事化了，被卷入的海运及造船企业的干部们纷纷被释放。土光亦是在犬养辞去法务大臣一职当天被释放的企业干部之一。

　　不管是造船疑狱事件，还是土光被拘留的事件，石川岛的公司内部期刊皆未报道，只是在 5 月的公司内部期刊中报道了 4 月 15 日举办的"社葬"。在土光被拘留的 4 月 13 日，历任总务部部长等要职的一名公司元老级董事被发现在家中自杀。土光当年就任石川岛社长时，该元老辞去了副社长一职，1952 年，他又重回董事之位。公司为员工举办"社葬"是较为少见之事，当时的公司内部期刊大幅刊登了他的遗照和悼文，可见公司失去这位董事的沉痛之情。

　　上述董事之死，似乎与土光被拘之间有着某种关联，但土光对此从未言及。对于那段"牢狱之灾"，他将其总结为一个教训："人生在世，不可预期的陷阱四伏，必须公私分明、独善其身，遵循坚毅踏实的活法。"

开拓巴西市场

或许是造船疑狱事件及拘留事件的余波影响，1954年，土光并未视察欧美。1955年7月至9月间，他再次出国，进行了为期大约两个月的视察活动。对于此次视察，公司内部期刊以《对美国造船行业的视察》为题，进行了相关报道。其间，土光还去了巴西。那时的土光，想必已有进军巴西的构想。而那次巴西之行，或许便是其迈出构想的第一步——实地视察。

石川岛与巴西的业务关系始于1950年至1951年间石川岛向巴西交付了3艘油轮。《石川岛》的创刊号封面上印的就是第一艘油轮的照片。之后的1954年和1955年，石川岛又相继两次获得来自巴西海军的军用货船制造订单。而土光于1955年7月进行的里约热内卢访问，目的之一便是签订相关合同。

关于1954年交付巴西海军的卡斯托迪奥·德梅洛号，还有一个有趣的插曲。该船在里约军港靠岸时，由于驾船者目测失误，导致船首撞上了军港的岩壁。结果船只受损情况并不严重，反倒是修复岩壁的费用更大。此事让石川岛制造的舰船获得了"皮实可靠"的美誉，也使巴西海军工厂对石川岛的信任度飙升。

或许是缘于上述口碑，当时的巴西政府逐步提议石川岛在巴西建立造船厂。巴西政府先是趁着土光在1955年7月访问巴西时，正式提出了"希望石川岛参与贝伦市海军工厂设施扩建工程"的意向。同年10月至次年1月，土光派总务部部长等公司干部对巴西进行了市场调查。之后，石川岛认真推进针对巴西的方方面面的实情调研，包括当地的法律制度等。

1957年，巴西政府宣布向石川岛提供里约港内的填拓地作为造船厂的建设用地，其面积达40万平方米。当时，石川岛的主力造船厂是位于东京丰洲的第二工厂，而里约港内那块填拓地的面积是丰洲第二工厂的1.5倍。此外，巴西政府还出台了《商船基金法》，规定对进入巴西的外国船只征收入港税。以此为财源，巴西对国内的船主及造船厂提供低息融资，从而振兴本国的造船及海运业。

换言之，巴西政府以"扶植政策"和"提供土地"为甜头，邀请石川岛投资巴西；而石川岛方面也已针对巴西进行了为期数年的详细调研，因此土光最后决定进军巴西。在巴西政府的优惠政策下，许多外国企业对投资巴西摩拳擦掌，所以土光的视察，也有抢在竞争对手之前与巴西政府达成协议的目的。总之，对石川岛而言，此举是充分准备和深思熟虑的结果。

可当时的日本经济界和各银行机构则唱衰石川岛的巴西投资，认为此属"无谋之举"，甚至有经济杂志发表了题为《土光的愚举》的评论分析文章。不过话说回来，土光此举的确风险因素较多。

第一是巴西国情。巴西政局不稳在当时是出了名的，1954年甚至发生了总统自杀事件。

第二是投资规模。虽然石川岛在巴西建厂属于与当地资本机构的合资行为，但在合资公司总计大约35亿日元的资本金中，石川岛的计划出资额约为26亿日元（包括实物出资和现金），出资比约为65%。此额度可谓巨大——1958年，此额度大约相当于石川岛自身资本金的五成。

至于第三个风险因素，则是在海外经营业务的难度。石川岛之前没有在海外成立和运营大型合资企业的经验。当时，计划派遣石川岛的日本员工120人，从日本招募愿意去巴西工作的所谓"工业移民"320人，加上从巴西当地招聘的本地员工3360人，合资企业的员工总规模为3800人。当时，石川岛在日本国内的员工总数为9000名左右，对比之下，巴西合资公司的员工人数将是石川岛日本国内员工总数的四成多。此外，巴西当地人的技能水准还较为低下，因此需要大规模的技术输送，其中涉及的各方面的企业经营负担，都得由石川岛来承受。

即便如此，土光依然甘愿下这一步险棋，以求企业的飞跃。1956 年，日本的造船业实质上已是世界第一，但纵观日本国内造船企业的排位，石川岛仍旧位居第 4。石川岛缺乏财阀背景，其当时的主要合作银行第一银行，其集团旗下本身就有名为"川崎重工业"的造船企业，且规模大过石川岛，因此，石川岛得到的资金支持相当有限。

在这样的情况下，"以国内生产为核心，海外业务以出口交货为主"的企业战略就成了制约石川岛发展壮大的瓶颈。既然如此，就干脆直接进入海外市场，以此为发展舞台。作为企业经营者，从某种意义来讲，有这样的想法是理所当然的。何况从 1952 年末起，土光几乎每年都去海外进行长期视察，早已具备国际化眼光。

此决断毕竟兹事体大，为了进军巴西，土光慎重地说服银行等方面。他列出了一系列投资优势：资源大国巴西对日本非常重要；巴西具有较长的日系移民历史渊源，日侨众多；巴西国土面积较大且海岸线较长，因此国内海运需求旺盛……土光甚至明确表示："一切责任由我承担。"在他的力推之下，1958 年 1 月，巴西相关政府部门和石川岛缔结了关于上述合资计划的议定书。

1958 年 12 月 13 日正是巴西的海军纪念日。这天，合资公司"石川岛巴西造船所"（当地的公司名为"Ishibras"）

举行了奠基仪式。巴西的参加者包括巴西总统、石川岛巴西造船所的巴方股东巴西开发银行和里约热内卢港湾局等。新公司的社长为巴西人。至于日方，石川岛主力造船厂的工厂负责人藤井义六被派到巴西当董事长，而多名基层现场的老牌技术人员也被土光调到巴西。当时，土光对这些技术人员说："你们要有埋骨异乡的觉悟。"如此豪华的进军巴西之阵容，可见石川岛当时近乎背水一战。

1959年12月，Ishibras获得巴西政府的首个大订单。当时的合同签约派对在里约知名的大酒店盛大举行，土光也亲自参加。之后还发生了一件有意思的小事。在该派对结束后的二次会、三次会中，土光突然带着一群日本员工跑到里约的一处海滨，大家一起对着大海小便，宛如炮兵队列的阵势。可见当时的土光有多开心。

之后，Ishibras的经营虽然充满艰辛，但亦有成就，其一度成为中南美地区首屈一指的造船厂。20世纪70年代，Ishibras甚至连续3年向日本东家石川岛支付总额超5000万美元的股息。但Ishibras的业绩并非一直一帆风顺，1997年，石川岛最终取消了在巴西的造船业务。

但Ishibras的经验为石川岛日后其他的海外业务拓展奠定了重要基础，包括之后对新加坡的投资等。此外，Ishibras也为巴西当地培养了不少人才，因此当地人把"Ishibras"这一公司名和葡萄牙语中的"学校（escola）"

一词相结合，造出了"Ishicola"这个词。在 Ishicola 培养出的当地熟练工中，有不少成了业内其他公司争抢的"香饽饽"；不仅如此，对石川岛而言，Ishibras 也为自身培养了重要人才，比如后来在石川岛播磨重工业的艰难时代接过企业经营接力棒的生方泰二社长，便曾是常驻巴西 Ishibras 的员工之一。而后来石川岛在新加坡裕廊建立造船厂的项目，亦得益于 Ishibras 的经验。

重机、喷气发动机、造船

20 世纪 50 年代后半期，当土光将大量精力倾注于在巴西建立造船厂的同时，恰好是日本迈入经济高度成长期前的助跑阶段。1956 年，日本政府发表的经济白皮书中的"如今已非战后的（困难）时代"一语，成了日后广为人知的名句。1955 年，日本的 GDP 首次超越战前水平。1960 年，日本正式迎来了经济高度成长的时代。

土光在经济高度成长期前的助跑阶段，便已开始乘着这股东风，接连部署实施战略，尤其在重型机械领域持续发力。自此，土光在 20 世纪 50 年代前半期的技术布局在各个相关领域全面开花结果，包括制铁机械、锅炉、建筑机械、空压机，乃至成套设备工程等。

在技术发展这条路上，土光亦马不停蹄地推进。1957 年，石川岛引进了联邦德国 GGH 公司的转炉制钢技术；1958 年，石川岛引进了联邦德国 ZACK 公司的厚板块料板轧机技术。得益于这些技术，造船用钢板的生产成本降低了。在高炉制造方面，石川岛于 1959 年向八幡制铁成功交付了当时日本国内最大的高炉。

在动力机方面，除了前述的引进 GE 的涡轮机技术，石川岛又于1958年引进高温高压涡轮机技术，并且从瑞士的布朗—博韦里股份公司（Brown，Boveri & Cie）引进了废气涡轮增压器技术等。此外，石川岛还在1957年与 Foster Wheeler 公司合资，从而巩固了其作为综合化学成套设备制造商的基础。

在上述重机领域积极谋求多元化发展的同时，土光也不忘在喷气发动机领域进行战略布局。1957年3月，石川岛拥有了位于东京田无的新工厂，离正式投产仅一步之遥。当时，该领域的业务前景有限，无非是生产发动机部件之类的。即便如此，土光依然从富士重工那里买下了工厂，并且还购入了其周边的土地。

田无新工厂的负责人由永野治担任。永野治是战时海军喷气发动机研发项目的核心人物，1952年在土光的邀请下入职石川岛。新工厂可以说是土光和永野二人源于战时的执着之结晶，即"在战后重拾日本国产喷气发动机之梦"。可当时的相关媒体又对此唱衰，和对进军巴西的评价相同，经济杂志称之为"土光的愚举"。

媒体的负面评价也并非毫无道理。在那个时代，研发一款喷气发动机动辄花费百亿日元，该金额几乎是当时石川岛资本金的2倍。此外，在20世纪50年代初期成立的日本喷气发动机株式会社也趋于解散，而该株式会社研发出的发动机，也只有石川岛愿意接手生产。由于生产工艺复杂且业务规模过小，当初加盟成立日本喷气发动机株式会社的其他企业一直在观望。

当时，田无工厂的生产计划主要包含两方面：生产日本喷气发动机株式会社研发的 J3 发动机，生产 GE 公司的主力喷气发动机 J47 的零部件。从 1956 年起，石川岛便着手推进与 GE 签订该款喷气发动机的技术授权合同之事，并考虑用于日本自卫队战斗机的同款发动机的零部件生产项目。

即便如此，与石川岛当时所从事的其他业务相比，这一领域的业务规模也要小得多。但土光也好，永野也好，都不愿熄灭这日本国产喷气发动机之梦的火种。研发制造喷气发动机这种顶尖机器装置，称得上是对各个工业领域综合实力的考验，当时，日本的工业实力处于上升期，而全球对喷气发动机的需求亦在增加，或许是鉴于此，土光和永野二人才坚信日本需要自主研发生产的喷气发动机。

经过长期蛰伏和无数次研发，他俩的愿景终于在 1980 年后逐步结出果实。此后，以喷气发动机为核心的航空领域成为石川岛最为重要的业务。步入 21 世纪后，石川岛播磨重工业连续两任社长都出自该业务部门。

可在出成果之前，此业务长期赤字。后来成为航空发动机事业部部长的永野坦言，自己当初做好了长期靠公司总部养活的丢脸准备，但同时也预料到起步的投资规模并不会大到无法承受。也许是基于这种觉悟和预测，田无新工厂项目才会上马。

总之，20世纪50年代后半期的石川岛在各个领域积极开展扩张战略，并获得了成长发展。1956年，石川岛的总销售额为163亿日元，而到了1959年，大幅增至311亿日元，且其中的大头是重机领域的业绩增长，而其造船领域的销售额比重则相应地从1956年的60%大幅降至1959年的25%。

这一方面是土光以技术引进为杠杆而开展多元化经营的成功证明之一，但另一方面也体现了公司在造船领域的发展瓶颈。从1956年起的5年间，石川岛在造船领域的销售额几乎原地踏步。究其原因，既有造船行业的不景气，也有石川岛自身工厂的规模制约。

纵观当时造船行业的时代趋势，已呈现出明显的向大型船只（尤其是大型油轮）倾斜的倾向，可石川岛缺乏大型船台。当时，吨位超6万吨的巨型油轮已然出现，石川岛船台的造船吨位上限依然只有3万吨多一点；再加上其承担造船作业的主力——第二工厂位于隅田川的河口——东京丰洲，碍于地理条件，第二工厂无法添置建造大型油轮的相关设备。

为了打破该困局，土光考虑在横滨建厂。当时的横滨市正在着手推进开发大规模工业用地，具体包括填埋其根岸海岸一带。为了在那里打造用于建造大型船只的船坞和机械工厂，石川岛于1959年7月与横滨市签订了土地购入合同。购地面积为46万平方米，与Ishibras的工厂用地面积相近。土地总价为16.8亿日元。

1959年，几乎在同一时间，石川岛计划新设两个与既有的丰洲第二工厂相匹敌的大厂，一个位于横滨根岸，一个位于巴西里约热内卢。可见，不仅是重机领域，就连造船领域，土光的战略也是十分积极大胆的。

战后最大的企业合并

但问题依旧存在。虽然里约热内卢的造船厂在1959年能够开工投产，但根岸造船厂最快也要到1964年才能开工投产。石川岛于1959年与横滨市签订的上述合同，只是预购待填埋地的合同而已。

如此一来，从1959年起的5年间，石川岛的大型船只建造依旧不得不持续遭遇"卡脖子"的局面。日本造船业在1956年便争得了全球头把交椅，且之后仍保持着大幅增长，石川岛若不求变，则有错过搭乘产业发展浪潮的巨大风险。

这一背景就是1960年震惊业内外的战后最大的企业合并的契机。对当时的经济界和媒体而言，该合并简直是毫无前兆的突发新闻。

1960年7月1日，在御堀端的东京会馆，土光与时任播磨造船所社长六冈周三召开了记者见面会，宣布两家企业将于同年12月1日合并，合并后的新公司名为"石川岛播磨重工业"（以下简称"石播"），法人保留方为石川岛。

至于合并比率，播磨为 5 股，石川岛为 3 股（这里的"5股"和"3 股"是指两家企业合并后的股票转换率。5 股即原公司股票的每 5 股等于合并后新公司的 1 股；3 股即原公司股票的每 3 股等于合并后新公司的 1 股。——译者注）。当时，石川岛的员工数为 9000 人，播磨的员工数为6000 人，合并后的企业总员工数为 15000 人，合计销售额为 600 亿日元，合计资本金为 102 亿日元，可谓体量巨大。

1960 年是日本在战后从重视政治转为重视经济的大拐点，也是日本正式进入后来被誉为"世界级奇迹"的经济高度成长期的开端。而"石播"这战后最大的企业合并的实现，也是这一欣欣向荣年景的象征。

这一年，也有其他重大事件发生。三井三池煤矿劳资纠纷事件最终以用人企业的胜利而告终。《日美安保条约》的签署导致日本国民掀起了战后最大规模的社会运动，即安保斗争。6 月 15 日，有女大学生在抗议队伍和警察之间爆发的冲突中死亡。12 月，总理岸信介内阁倒台，继任的池田内阁发表了《国民收入倍增计划》。

在这舆情激荡的一年，石川岛与播磨造船所在 7 月 1日宣布将合并为石播。不难推测，在双方敲定具体意向后，此事在短时间内以极度保密的方式推进。据说，在正式宣布合并之前，双方公司内部对于合并交涉事宜的知情者各不超过三人。鉴于播磨造船所的造船业务占自身总业务量的九成多，石川岛的陆地机械设备业务占自身总业务量的七成多，因此，二者的合并能够发挥互补作用，可谓理想之举。此外，与工厂尽在东京周边的石川岛不同，播磨造船所在的兵库县相生市拥有配备大型船台的巨大造船厂，这点也属于优势互补。

二者之所以能够合并，也是有一段历史的。当时的播磨造船所由于业务萎缩而陷入经营困境，作为其主要合作银行的第一银行建议其与川崎重工合并。可川崎重工的造船业务占比也很高，且也以关西为总据点，这种业务结构的高度重合，使播磨造船所犹豫了将近半年。于是第一银行找到了土光。当时，第一银行的行长是长谷川重三郎。战后初期，在石川岛芝浦涡轮机公司任专务的土光曾为了给公司筹措资金而四处奔走，而当时给予其紧急融资的，便是第一银行的长谷川重三郎，那时他还是营业部次长。人与人的缘分真是奇妙。

其实在长谷川找土光之前，土光便已调查了播磨的情况，觉得其与石川岛十分合拍和互补。不仅如此，土光也和播磨造船所社长六冈相互吐露过自己的烦恼。在听取长谷川重三郎的提议后，土光觉得时机恰好，便对长谷川说"给我3天时间"。之后，土光迅速拍板，接受了第一银行的合并提议。与此同时，为了正式确认六冈的意向和想法，土光还在赤坂的高级饭庄安排晚宴，邀请六冈面谈。对于以"不喜宴会"而出名的土光而言，此举实属罕见。六冈也是技术人员出身，二人对两家公司合并的经济合理性立即达成了共识。至此，这场"海陆联姻"算是板上钉钉。在接下来的 6 个月内，双方围绕合并细节的交涉一直在秘密推进，直至正式对外宣布。

但经济合理性是一回事，合并后双方员工的心态又是另外一回事。任谁都看得出来，不管是从销售额层面还是员工数层面，该合并都是石川岛占优势。尤其是最为根本的合并比率——石川岛为 3 股，播磨为 5 股，这明显体现了石川岛占上位。

为了顾及和安抚播磨员工的感受，土光接连作出了一系列动作，其中之一便是在两家公司的内部刊物中登载了双方社长的致辞。土光登在播磨造船所内部刊物中的卷首致辞，要比石川岛内部期刊中的更长更具体，其开头如此写道："如今，各位所在的公司与我们公司缔结了合并之契约，等于让两家结下了'同吃一锅饭'的深厚缘分。"在阐释了合并的合理性后，他接着写道："而（合并）的更大要因，以及我想向各位强调的要点，则要数对两家之间友好信赖关系的信心和期待。不管其他条件如何齐备，若欠缺这点，则合并必会以失败而告终。反之，若这点到位，则会产生 1+1>2 的效果。这正如核聚变，其迸发的能量深不可测……其次我想强调的是，此次合并并非业内外常见的那种主要着眼于整理工厂和产品线之类的弱者间消极抱团之举。正相反，我们两家是强强联合、优势互补，旨在积极推进合理化的成长发展……这等于打造了一个全新的公司，可谓前途光明、意气风发之举。"

这应该是土光和六冈的真心话。鉴于合并前双方的业务规模和员工人数，石川岛占上位是绕不开的客观事实，但"以相互协作，打造新公司"的精神，在合并后公司管理的方方面面的确都有体现，而其最初的体现便是上述合并致辞。反观土光在石川岛内部期刊中的相关致辞，既无"同吃一锅饭"的说法，也无"意气风发地打造全新公司"之类的表达，其整体基调更为事务性。

该精神还体现在了合并后新公司的董事安排上。在合并前，两家公司各自拥有15名董事；合并后，石川岛在新公司中的董事占9名，播磨同样占9名，实现了"一碗水端平"。新公司的会长由六冈担任，社长由土光担任。

从1958年的进军巴西，到1960年的闪电合并。土光敏夫，这一先前看似朴素低调之人，逐渐成了在经济界崭露头角的大型企业经营者。

出色的合并管理

对于上述大型合并之举，世间的目光尚存质疑，社会上的主流看法是"两家虽合并，功过看表现"。

土光的管理水平可谓出色。从 7 月 1 日对外宣布公司合并到 12 月 1 日新公司启动的短短 5 个月内，土光不断推出举措，让双方员工由衷地相信这完全是在打造一家新公司。

先是在 10 月 31 日，两家公司在内部同步以"号外"的形式，发布了新公司的组织结构，并宣布即日起实施。换言之，不等 12 月 1 日法律上的正式合并生效，两家公司便已着手导入新体制。另外，新公司的规章制度也同时发布。

新组织可谓彻底的事业部制结构。新组织通过将两家公司原有的组织进行相应的分割和统合，按照产业机械、动力机及化工机械、船舶、航空发动机、通用机械这 5 大事业部进行分类，各事业部旗下拥有自己的技术、设计、市场、制造及管理部门。但通用机械部是例外，该部将生产制造环节委托给公司内部及外部，故而没有制造部门。此外，各事业部的部长被赋予全权运营相应业务的权力，同时也肩负着赢利创收的责任。

相关的具体安排如下：最大业务的船舶事业部旗下拥有原石川岛的东京第二工厂和原播磨的相生第一工厂；产业机械事业部旗下拥有原石川岛的东京第一工厂；动力机及化工机械事业部拥有原石川岛的东京第三工厂和新的相生第二工厂。东京第三工厂的一部分生产人员来自原石川岛第二工厂的动力机部门；相生第二工厂源于原播磨相生工厂的动力机部门，当时该部门被剥离了出来。

就这样，两家公司原有的各个功能性组织被分解打散，然后按照自负盈亏的原则，重新整编为5大事业部。纵观两家公司，原先皆为职能型组织——社长由上至下统管制造、市场、技术、管理等各个环节；而合并后的新公司大胆地打破了这种既有框架，对组织结构进行推倒重来。在人员配置方面，新公司也基于"与新组织相适应"的原则，不管其先前属于哪一家，以人尽其才、特长对口的方式给员工分配岗位。

用土光自己的话来说，上述举措相当于"把公司全员装到一个容器里，并加以搅拌，然后分配至各处"，即所谓的"搅拌机人事"。该人事政策使两家公司的员工即刻步入融合阶段，并使新组织充满了活力。

如此彻底的事业部制在当时的日企可谓罕见。也正因为如此，为了让员工们理解和接受这种组织形态，10月31日的公司内部"号外"针对"何为事业部制组织""该组织形态有何优势"等问题，予以了详细解说。其中，列出了四点优势：各事业部以利益管理为核心，公司内部市场化，公司经营民主化，培养经营人才。这属于教科书式的标准理论。此外，文中还强调"目前日本已有90家企业采用了事业部制，而正在调研讨论是否采用事业部制的企业有150家"。作为公司内部刊物，如此内容堪称罕见。为了推进该制度，土光阅读了诸多经营学类的文献，针对"何为事业部制组织"进行了详细的学习研究。

为了让两家公司在合并后实现真正的融合，在具体人事安排方面，土光（和六冈一起）也作出了最大限度的考量和兼顾。其中的典型体现，便是把原播磨出身的真藤恒提拔为合并后的新公司的最主力事业部——船舶事业部的部长。此外，对于新公司位于丰洲和相生的两大生产据点，新公司采取了安排常驻管理干部的机制——常驻相生的常务是石川岛出身，常驻丰洲的董事是播磨出身，这可谓"搅拌机人事"的又一实例。尤其是丰洲，丰洲是新公司最大的生产据点，特意让原播磨的人担任其管理者，此举颇有代表意义。

但对于实际承担工厂现场运营任务的负责人，人事方针则有所不同。例如东京四大工厂（第一工厂、第二工厂、第三工厂、田无工厂）的工厂负责人皆为石川岛出身，又如相生第一工厂的工厂负责人为播磨出身。如此的人事安排，是为了避免生产第一线在合并初期陷入混乱。至于前述的新的相生第二工厂（其源于原播磨相生工厂的动力机部门）的工厂负责人，则由来自石川岛的人担任。

当面沟通的高人

上述一连串人事安排的要点，是任命真藤恒为船舶事业部部长。真藤后来历任石播社长和电电公社总裁，可谓经济界的风云人物。但在石川岛和播磨合并时，他还只有50岁，是当时公司9名常务中最年轻的。

在石川岛与播磨宣布合并时，真藤以外调的形式正在美资造船企业——NBC吴市造船部工作，且在大型船只的建造方面已然创造了令人瞩目的业绩。由于先前与真藤已有过接触，当时的土光非常希望真藤能担任新公司的船舶事业部部长，因此在两家公司正式对外宣布合并后，土光便立即联系真藤，希望他能来东京，六冈也同样给真藤通了气。真藤应邀前往东京，与土光一边共进晚餐，一边讨论造船业的将来。次日，真藤又赶往热海，与六冈会面。

土光和真藤的上述碰面，据说当时是土光为了征求真藤对于造船业未来的意见。土光开门见山地说："我在物色能够管理运营新公司造船部门的合适人选。"对真藤而言，虽然这是他头一次与土光一对一地单独交流，但已然强烈感受到"土光是个耿直正派之人"。对于土光这种人格魅力，他后来曾写道："他心中明明十分希望我接受该职位，但毫不触及我个人的立场和情绪，而是试图以播磨的立场来说服我，似乎认为'六冈先生的引荐'才是名正言顺之举。他这样的考虑和处事方式，令我对他的人品顿生敬意。当时，我俩一边用晚餐一边交谈，整个过程大约持续了2个小时。其间，他从各个角度问了不少问题，包括造船业的前景和理想模式等，对于每个问题，他都会问我：'你怎么看?'似乎想彻底'套出'我的相关意见，也算是在试探我的能力。从这点来看，他也算是挺'狡猾'的，体现了他'老狐狸'的一面。"

之后，真藤先从NBC吴市造船部被调回播磨，然后再入职合并后的新公司，并成为公司内最年轻的常务以及最主力事业部的部长。可见，土光是当面沟通的高人，他能够以自身的人格魅力，面对面地说服对方，使对方佩服，真藤便是被其魅力"俘虏"的人之一。

不仅是经营层，就连原播磨工会的人，也佩服土光这种当面沟通的魅力。

在两家公司合并之前，播磨造船所的董事干部们大多高高在上，比如社长在视察工厂时，专车会在工厂大门口鸣笛三声，工厂相关负责人和接待人员听到后，就要站在工厂门口，队列整齐地迎接社长下车，此乃惯例。两家公司合并后不久，新社长土光去视察相生工厂时，不但废除了上述隆重的仪式，还自带一升瓶装的日本酒，自来熟地去出席工会的书记会议。面对甚为惶恐的工会干部们，土光说："咱们先来干一杯。"然后用茶杯当酒杯，与大家共饮。据说，他之后还趁着酒劲和工会成员们一起去相生的闹市区接着喝，"转战"了一家又一家酒馆。自不必说，此举令土光在相生的人气一夜飙升。

土光这种堪称"基层的高人"的人格魅力和姿态，加上上述"搅拌机人事"之举措，成为促成两大企业真正融合的关键。土光这人平时不喝酒，可一旦有需要，他就会最大限度地发挥喝酒的作用，成为临时的"酒豪"。

吹响进军号角，迈向造船业世界第一

土光是个受到幸运女神眷顾的男人。1950年，他当上石川岛社长的第二天，朝鲜战争爆发，日本因此获得了大批特需订单。在实施"石播大型合并"之举的1960年，正值日本正式进入经济的高度成长期。

当然，他的成功并非只凭运气，能最大限度地抓住和利用迎面而来的机遇，是土光的本领。在完成上述合并后，土光立即吹响进军号角，鼓舞全公司成长发展。

在合并刚完成的第一年，土光一边着力于组织融合，一边思考新公司十年后的蓝图，并命令下属制定了相应的长期计划。这也是继采用事业部制之后，土光导入的另一方面的新经营手法。当时，像他这样亲自深入研究经营学理论的企业家少之又少，可见其并非只懂基层。

在对外宣布合并后的第二年（1961年）8月，土光当着全体员工的面，发布了公司新的长期计划以及应达成的长期目标。这正是吹响进军号角般的魄力之举。当时，新公司设定的长期计划和长期目标为：在10年后的1970年，公司销售额达到 2400 亿日元，员工人数达到 3 万人，附加价值额达到 800 亿日元，纯利润达到 200 亿日元。

这意味着，与 1960 年的实际业绩相比，新公司在之后的 10 年间，销售额要增至 4.4 倍，附加价值额要增至 4 倍，员工人数要增至 1.9 倍，纯利润要增至 5 倍。其目标可谓宏伟。除了这些，该目标的具体达成细项还包括"总订单额的 35% 为新产品，25% 为出口产品"等。不仅如此，该计划引入了"员工平均附加价值产出"的概念，即附加价值额÷员工总数，且该数值设定为"要增至 2 倍"。与此同时，对于员工平均工资的增长目标也有所设定，此数值亦是"10 年间增至 2 倍"。这与当时池田内阁所发表的《国民收入倍增计划》如出一辙。

值得骄傲的是，新公司在十年后的发展大多远超预期。在销售额方面，新公司超额完成了上述极具挑战性的目标：1970 年的实际销售额为 3728 亿日元，其中，船舶海洋部门为 1447 亿日元，陆上部门为 2172 亿日元，航空宇宙部门为 109 亿日元。纵观两家公司合并后第一年（1961 年）的相应构成比，船舶海洋部门为 239 亿日元，陆上部门为 424 亿日元，航空宇宙部门为 8 亿日元。可见在十年间，船舶部门的销售额增至 6 倍，陆上部门的销售额增至 5 倍，均实现了巨大的成长飞跃。如此佳绩远远高于当时日本经济的总体成长幅度以及业内的平均成长幅度，可见土光主导的"海陆联姻"的确发挥了巨大的相乘效果。此外，总员工数在1970年增至3.5万人，超出计划5000人。至于纯利润，则稍低于目标额，实际为177亿日元。

造船部门（船舶海洋部门）的成长幅度，自两家公司合并初期起便独占鳌头，至1964年土光辞去石播社长一职时，造船部门的销售额已占公司总销售额的一半，成了公司最大的事业部门。其后，陆上部门的成长开始加速，至1970年，陆上机械部门已超越造船部门，成为公司最大的事业部门。

而当初对于真藤的任用，被认为是造船部门实现如此急速成长的重要原因。两家公司合并后，原播磨的相生第一工厂成了新公司的主力造船厂。且在1962年，它便成了新船建造合计吨位位居世界第一的工厂。此外，石播在合并时属于日本规模第二的造船企业，仅次于三菱造船，而到了1963年，石播一跃成为世界第一的造船企业。

在造船业务的经营方面，土光让真藤全权负责。这种"让他放手去干"的态度，在相生和横滨的工厂扩容计划中尤其体现得淋漓尽致。

当时，真藤在董事干部会议上提出了上述计划，并准备了两套方案，两套方案所需的投资规模大不相同。一套较费钱的方案预估顶点投资额为150亿日元，而另一套较省钱的方案预估顶点投资额为前者的一半。其实在该会议之前，真藤已经请示过土光的意见，土光明确表示"筹钱是我的工作，负责实施计划是你的工作"，等于认同了150亿日元的方案。

即便如此，真藤依然在董事干部会议上问土光："社长，您看是实施较费钱的方案，还是实施较省钱的方案呢？"土光有点生气，当场拍板："你怎么又提这种婆婆妈妈的问题？要花钱就一步到位！"故意让土光在会上明确作出指示，可谓真藤的计策。该计策的确奏效，会议决定，工厂扩容计划由真藤负责实施，而负责财务的董事干部则批准相关拨款。

土光就是这样的人，一旦作出承诺，就绝不会事后反悔，只要下属按计划推进实施，就不会对基层插嘴干涉。土光爱发火和爱呵斥人是出了名的，但真藤对此看法不同："如果你拥有当事人的责任感，具备全盘担责处理的态度，即便严重失败，他也不会对你发火。"这便是土光对下属的放权风格。

就在石播成为世界第一造船企业的1963年，土光又批准了在新加坡裕廊建设造船厂的项目。该项目资本金为11.21亿日元，石播出资51%，新加坡开发局出资49%，且新加坡开发局还给予与资本金同额的贷款。该造船厂计划于1965年建成，石播方面计划派遣20余名员工。此为继Ishibras之后的又一次大型海外投资，或许是基于Ishibras的经验，新加坡裕廊的项目给石播带来的负担较小。

退任社长

　　石川岛播磨重工业的经营总体上在较为顺利地不断推进。而从新公司成立前就开始着手的横滨根岸的建厂计划，也因赶上"大型油轮时代"的风口，一步步地得以实现。此外，作为公司在中部地区的生产据点布局，石播与名古屋造船等企业加深合作，并以合资的方式于1961年成立了名为"名古屋重工业"的新公司。之后，该合作进一步升级，1964年5月，名古屋造船和名古屋重工业皆正式并入石播。

　　如此一来，石播在国内的生产据点几乎遍及全国——东有丰洲和横滨，西有相生，中部有名古屋，已然成为世界第一的造船企业。而在海外，继成立 Ishibras 之后，新加坡裕廊的造船厂项目亦步入正轨。总之，在因合并而诞生了"石播"之后，公司依然在各方面积极展开技术合作。

　　此时，土光已经68岁，距他当初走马上任石川岛社长，已过去了14个春秋。看到石播的运作已步入正轨，且生产体制也趋于稳定，土光心生退意。这时，距两家公司合并才过去了 4 年，故可谓较早的退任之举。据说土光之前在考察巴西时，对当地的风土人情甚为中意；再加上他于 1960 年荣获了巴西总统所颁发的表彰他对巴西经济贡献的南十字星勋章，这一切使他萌发了"退休后移居巴西，经营一片牧场"的想法。于是，他决定借着 1964 年 11 月股东大会的机会，辞去社长之职，转任会长。

但说到土光退任时心中尚存的疑虑，大概要数自己就任会长后的干部体制问题。合并后的公司管理层虽然还算和谐稳定，但这是因为公司有六冈会长和土光社长这两根"定海神针"。此外，在合并当初的人员融合方面，新公司特意将来自原播磨和原石川岛的董事人数保持相同。鉴于两家公司合并前各自的体量规模，这种董事人员构成无疑是对播磨方面的过度优待。而在接下来的会长、社长的迭代中，这些人事安排又会如何重新调整呢？

不管对哪家合并公司而言，上述事宜都是让社长烦恼的问题，也是决定合并能否持续成功的重要之笔。当然，围绕人事问题，当时的六冈会长、土光社长以及田口副社长（田口是合并一年后的公司内唯一的副社长）必然进行了诸多讨论和商议。个中详细内容，各位当事人并未留下相关证言，我们只能从当时实际退任的董事人员以及新任的董事人员来反推一些情况。据我个人的推断，基于后来的新董事干部成员体制，至少有两点较为明了。

其一，新体制增加了石川岛出身的董事干部的比例；其二，对于做大做强造船部门的功臣——真藤，公司费了一番心思，最终给予了较为合理的安排。考虑到当时石播的实际情况，这两点也是理所当然。

以 1964 年 11 月的股东大会为契机，公司的经营层实现了"大换血"。田口连三任社长（58 岁），真藤恒（54 岁）、水品政雄（原名古屋造船社长，56 岁）、永野治（53 岁）晋升为副社长。与 68 岁的土光相比，该人事安排使公司管理层大幅年轻化——原来最年轻的 4 名董事中，有 3 名成了副社长，且真藤是从常务被提拔为副社长，永野是从普通董事被提拔为副社长。

此外，不少董事成员也进行了交接。原播磨出身的 4 名董事退任，唯有原为会长的六冈留任（转任顾问）。反观 2 名原石川岛出身的董事，虽也不再任董事，但皆获得留任（转任监事）。至于填补 6 名退任董事空位的接班人，其中 4 名来自石川岛，2 名来自播磨，但来自播磨的 2 人皆非播磨的元老级员工，而是在合并前不久加盟播磨的，他们原先任职于银行和政府机关。

换言之，构成新董事会的 18 位成员（此人数与合并当初相同）中，原石川岛元老占 10 人，原播磨元老占 5 人，在两家合并前加盟播磨的占 2 人，原名古屋造船出身的占 1 人（合并前的名古屋造船社长，原来是交通运输部船舶局局长）。与当初合并时石川岛与播磨9对9的董事人员构成相比，上述调整的确使石川岛在董事会占据了压倒性的优势，但若综合考虑合并前两家的规模差、合并后的"搅拌机人事"，以及之后对人事融合的推进等，该调整也是播磨方面所能接受的。

与之相对，对真藤的安排或许才是土光退任社长的善后工作的关键所在。若只看业绩，提拔真藤为公司社长亦不为过。毕竟在土光退任时，公司将近一半的销售额都来自真藤负责的船舶事业部。但即便是播磨出身的员工，也有一些人背地里称他为"离婚后回到娘家之人"（两家公司合并之前，真藤以外调的形式长期在NBC吴市造船部工作。——译者注）。这种赤裸裸的说法，也从侧面表现了真藤时常与周围人发生摩擦。

从石播相关人士的口中可知，田口连三与真藤恒之间矛盾较深。此外，后来的相关资料显示，论与土光的个人交情，与田口相比，真藤和土光的关系要亲密得多。就拿二人后来的回忆录来看，真藤把土光描述为"自己尊敬的恩师"。反观田口，其即便在文中提及土光，也只是不带感情的淡淡叙述而已。

鉴于此，土光对真藤抱有更多好感也是自然。或许是考虑到田口当年在战后混乱期为石川岛所做的巨大贡献，土光才会认为社长接班人非田口莫属。当年，在土光被

"强拉硬拽"到石川岛总公司当社长时，田口就已是总公司董事，且在当时留任的 3 名董事中位居首位。田口表现活跃，是土光的得力助手。

不仅如此，在土光即将退任社长之前，真藤还只是公司 8 名常务中的最末席，且年纪也最小。倘若让他越过当时已是副社长的田口，一跃将他提拔为社长，实际操作难度是很大的。但考虑到真藤的贡献、播磨方面的感受和将来的社长之位布局，毕竟也不能亏待真藤。或许是基于这些考量，土光最终将真藤这名最年轻的公司常务提拔为副社长，而且在 3 名副社长中居于首位。

另一位被提拔为副社长的永野比真藤还年轻 1 岁，永野先前是航空发动机事业部部长兼普通董事，该事业部当时为公司创造的销售额较少，之所以提拔他，原因大概有二——一是永野在喷气发动机研发等领域的技术水平和知识过硬，二是他能在田口和真藤之间起到"缓冲层"的作用。至于永野本人，他对人事安排之类的态度相当淡泊，与其说是经营者，不如说是技术专家。真藤、永野、水品这 3 名副社长，恰好分别来自播磨、石川岛和名古屋造船。

在当时介绍新领导层的公司内部期刊中，刊载着新任社长和副社长对全体员工的致辞。新社长田口在致辞中表现出了对"站在国民精神转角的日本"的忧虑，并在文末以"不拘既往，以清新之气魄携手共进"作为总结。新副社长真藤在致辞中写道，"应切实力行朴素平凡之事"，最后以"装模作样的理论也好，缺乏内涵的精神论也好，皆乃次要之物"收尾。仅仅对照上述文章，便可窥见二人的矛盾与不和。

鉴于上述兼有新社长及副社长矛盾的人事安排和体制，作为稳定领导层的"威信镇石"，土光极有必要任会长。因此，即便在土光退任社长的次年（1965年），在他被请到东芝当社长之后，他依然担任石播的会长，且一当就是8年。直至1972年8月，土光退任东芝社长时，才同时退任了石播会长之职。由此可见，土光兼任东芝社长和石播会长的时间，几乎就是其担任东芝社长的时间，即7年多。

纵观石播和东芝这两家企业日后的关系，的确有深入合作的一面，但从资本关系层面看，两家公司并非走得很近。鉴于此，土光兼任如此大体量的两家独立企业的社长和会长，在整个经济界堪称罕见。土光退任石播会长之时，正值真藤就任石播社长。当然，当时石播的会长继任者是田口，而土光依然以"董事顾问"的身份，继续在"田口会长时代"的石播留了5年多。由此亦可见，作为平衡田口和真藤之间的角色，土光有多么重要。

上述种种安排和考量非常符合土光的风格。土光懂人心、重人心，对企业的人事安排相当敏感和细心。这样的安排确保了整体平衡的后续干部体制。得益于此，在土光退任后，石播依然保持大幅成长。

总之，实现合并成功和较早退任社长之举，使土光作为"大企业经营者"的社会形象愈发深刻。

不喜宴会的土光先生

土光不仅以企业经营者的预判和决断而出名，其在私生活方面严于律己的独特作风，亦使其受到大众的关注。

比如在造船疑狱事件中，当特搜部（全称为特别搜查部，是日本检察厅所属的一个特别机构，专门针对政治人物贪污、重大偷税漏税和经济贿赂等案进行调查。——译者注）造访土光家时，负责调查的检察官惊叹土光家中摆设之简单及其生活作风之朴素。后面会详述的"沙丁土光"之知名逸事，也让许多日本民众为其朴素的生活感到震惊。土光彪悍的外貌与其俭朴的生活作风一起构成了其质朴刚健的古代武士般的人格特征。

作为其质朴特质的象征，媒体引用最多的便是其不喜宴会。就拿前述的在石川岛和播磨合并前宴请播磨社长六冈之事来说，土光后来曾在著作中感言道："我平时极力回避晚间应酬，但当时是例外。我那天特意提早 1 个小时到场，在饭庄大门口等候六冈社长。"

的确，土光这人不喜宴会。可一旦有必要，他就会亲自积极安排宴席，为了礼仪周全，还会提前等候来宾。真藤由于不会喝酒，曾向土光抱怨"实在不愿意夜晚赴宴应酬"，结果被土光训斥道："客户如果喝酒，你就不能不陪着喝。客户如果喜欢叫艺伎助兴，你即便不谙此道，也有尽力附和及活跃气氛的义务……只要是为了工作，哪怕在招待方面花再多的钱，我也不会多说什么。反之，如果招待客户不周，花钱不到位，那请客户的意义何在？"

说到活跃气氛，土光曾经趁着醉意，把手伸到艺伎的和服的袖口里想把艺伎抱起来，结果搞得艺伎不仅摔在了地上，还擦伤了脸。当时的女掌柜把土光痛骂了一顿，土光只得低头赔罪。不仅如此，土光还曾在宴会上光着身子跳舞。1963年，土光在圣保罗举行晚宴。该宴席原定只邀请当地日系商会成员，但在土光的指示下，邀请者名单中添加了当地的14位日侨长老。席间，土光对在座的长老们表示感谢，并说道："Ishibras的成功成立，完全仰仗各位长老们所培养出的优秀子弟。"长老们极为感动，有人甚至开始呜咽。土光又说："今晚大家喝个痛快！"说着脱去了上衣，光着上身。此番动作，想必是为了避免宴席气氛陷入悲情。土光就是这样的人——通过自然的举手投足，便照顾了旁人的感受，调节了现场的气氛。

对于参加宴席之事，土光能够做到"该出手时就出手"，但其个人似乎确实不喜此道。理由之一，是他饮酒过量后的酒品有时让人不敢恭维。上述"摔倒艺伎"一事便是例证。此外，据说在他任石川岛社长时，有一次和工会成员举办座谈会，在晚宴后的"二次会"中，趁着酒劲过于兴奋的土光居然拿着剪刀，把一名下属脑袋上仅有的一点点头发给剪没了。土光边剪还边说："（你）就这点毛儿，别留恋了。"还有一次，那是在石播合并成立后的1962年，当时土光作为日本经济界的苏联访问团代表之一，与其他团员一同前往苏联视察。晚宴席间，或许是饮用伏特加过量，土光突然举起拳头，打了日方团长的头。

除了酒后失态，土光不喜宴会的另一个理由，大概是他爱读书。为了确保足够的阅读时间，他希望自己能支配晚上的时间。土光曾说，读书是与作者的对话，他十分重视边读边思考的过程。

现在，我的手头上还有土光所写的题为《我的读书》的手写原稿复印件。当年，在石播合并成立两年后，该文章登载于公司内部期刊《调查时报》的卷首。全文600余字，意思极为通达，书写颇为工整。文章以"我一直钟爱阅读"开头，写道"年轻时囊中羞涩，于是我站在书店里白看，算是闲暇时的乐趣之一"。该文章的最后一段如下："我之所以读书，并非为了变聪明，事实上我也没有变聪明。如今，读书已然成为我生活中不可分离的部分。思想这东西不可停滞。人类是思考的动物。对于我们这些繁忙之人而言，读书是最好的思考方式。手拿自己真正想读的书时，心中有一种由衷的充实感。"

　　土光，便是这般的"大企业经营者"。

第 4 章 重建东芝的苦斗

第二号难题不请自来

　　土光移居巴西的梦想，最终未能实现。

　　在土光退任石播社长短短半年后（1965 年 5 月），便就任了东芝（当时名为"东京芝浦电气"）社长。热切邀请他担任社长的是时任东芝会长石坂泰三，他是土光十分敬重的人物，因此土光未能回绝。当时的石坂还是日本经团联会长，且任期已进入第 9 个年头，是被誉为"经济界总理"的台柱级人物。对于就任东芝社长一事，土光在著作中亲述为"身不由己"。

　　当时，正值日本经济进入低迷期。以电机电器行业为例，当时的松下电器陷入经营苦境，为了挽救企业，已于1961 年退居二线、转任会长的松下幸之助不得不重回一线、坐镇指挥，于 1964 年 8 月至 1965 年 1 月兼任营业总部代理部长。在如此不景气的大环境下，土光于 1965 年 5 月就任东芝社长。

　　正如当年被石川岛社长"强拉硬拽"到总公司一样，土光此时就任东芝社长，亦非出于本意，也是身不由己被石坂生拉过去的。土光人生中的第 2 号难题，就这样不请自来了。

石坂比土光年长 10 岁，最初是邮电部储蓄局的官员，之后入职第一生命保险公司任社长，任职期间，他把第一生命做大做强。在二战后混乱期的 1949 年，石坂应邀担任东芝社长，使当时陷入劳资纠纷困局的东芝成功实现复兴。当了 8 年社长后，石坂于 1957 年将社长之位让与岩下文雄。而土光入职东芝，正是为了接任岩下。

其实在岩下任职东芝社长时，石坂就请土光担任东芝的外部董事。所以说，在正式入职之前，土光一直以半个局内人的身份持续观察岩下掌权期间的东芝，也因为如此，土光对东芝的窘境相当了解。而石坂在发现岩下非社长之才后，便打算让土光取而代之。

鉴于上述原委，面对自己特别敬重的石坂的恳求，已是 68 岁的土光虽然很想退休养老，也只能作罢。对于石坂，土光曾如此评价："如果有人以问卷调查之类的形式问我最尊敬的人是谁，我会回答，'我这人不喜欢搞偶像崇拜'，所以脑中也没有什么'尊敬人物列表'。但对于石坂先生，我的确特别尊敬，我从他身上学到的东西不胜枚举……我有机会和他碰面，是在当上石川岛重工以及后来的石川岛播磨社长后……同他打交道的过程中，他的知识之渊博，看人眼力之精准，大局观之卓越等，处处值得学习。"

当年，在土光就任石川岛社长后不久，石坂曾以"想看看石川岛的工厂"为由，向石川岛方面提出了访问工厂的请求。当时的石川岛和东芝已有较深的业务合作，鉴于来访者是合作企业的社长，且东芝当时的体量又远胜石川岛，因此一般来说，高规格接待必不可少。但土光认为不要打搅干部和员工们的工作，于是，从在大门口等候，到充当工厂参观的向导，土光都独自一人搞定。参观完毕后，土光在会议室向石坂介绍了石川岛的全体董事干部阵容，然后叫了外卖，大家一切从简地就餐。对此，石坂佩服道："土光君可谓名不虚传的合理主义者，甚至比传闻更甚。如此实诚和直率之人，打起交道来是很愉快的。"

石坂退任东芝社长时之所以拜托土光担任外部董事，想必上述良好印象和交情也是原因之一。作为答应担任东芝外部董事的交换条件，土光当时也要求石坂担任石川岛的外部董事，双方一拍即合。

对于土光如此加强二人紧密联系之举，石坂予以了称赞。石坂给人的一贯印象是很少称赞别人，但对土光，他却不吝于表扬。可见，二人相互信赖、相互尊重，可谓难得的至交。石坂离世时，土光以葬礼委员长的身份朗读了对石坂的悼词。悼词内容发自土光真心，十分令人感动。朗读时，土光数次哽咽，好不容易才读完。

对于他俩这般亲密的关系，也有感到不快之人——对前任社长岩下而言，自然不乐意向土光交权；对东芝公司内部而言，"继石坂之后，又来一个外来的社长，而且还来自比咱们档次低的企业"这种否定排斥的感情也不难想象。当时，土光的二儿子哲夫已是东芝员工（前面提到，他最初入职石川岛芝浦涡轮机公司，后来该公司被东芝吸收兼并，因此他也就成了东芝的员工），当土光向他言及石坂先生拜托自己当社长之事时，哲夫表示反对："父亲，即便你去东芝，东芝也不会有变化。IHI（石播）和东芝的体量规模差太多，东芝员工总计 6.3 万人。即便你这个外来者当社长，也无法让已受重伤的东芝重新站起来……"

即便如此，土光还是在 1965 年 4 月底的东芝董事干部决算会议上正式就任了董事长兼社长。该人事安排之前已经透漏给了媒体，有的媒体曾预测岩下将会退居顾问之位，但他实际上转任了拥有实际裁决权的会长，石坂则转任董事顾问。考虑到东芝先前并无董事顾问之职位，再联系土光就任社长的一系列原委，可以将其视为石坂的特别考量——石坂需要继续留在公司为土光撑腰。

东芝的困境

就这样，在与既有经营层有隔阂的状况下，土光就任东芝社长。正如哲夫所言，当时东芝的企业规模远大于石播——其员工数是后者的 3 倍，销售额是后者的 2 倍多。而在业务领域的多样化方面，石播亦无法与东芝相提并论——与只有造船和重型机械的石播相比，东芝的业务包括灯泡、电视机、洗衣机、发电机、通信器材以及电脑等，业务横跨家用电器、工业电器、通信、产业电子等各领域，可谓当时日本代表性的综合电子设备企业。

而哲夫口中的"重伤"，也恰如其分地体现了东芝当时严峻的形势。东芝当时的衰落，并不可完全归咎于总体经济环境的萧条，对此，经济评论家三鬼阳之助在其著作《东芝的悲剧》中有详细阐述。该书于土光就任东芝社长的 7 个月后出版，且成为当时的畅销书。

无论是当时还是今日，常常被拿来和东芝比较的，是同为综合电子设备企业的日立制作所。按照三鬼在上述著作中所述，从 1963 年左右起，日立渐渐与东芝在业绩上拉开距离。到了 1965 年随着经济形势的整体下滑，东芝不仅在销售额层面落后，在利润层面更是被日立远远甩开。

比如在土光上任的 1965 年上半个财年期（从 1965 年 4 月至 9 月），东芝的销售额约为 1100 亿日元，纯利润却只有 10 亿日元。反观同期的日立，其销售额约为 1400 亿日元，纯利润高达 50 亿日元左右。1962 年，东芝半年度的利润还有 60 亿日元左右，可在之后的 3 年间，其盈利水平出现"断崖式下跌"。

至于东芝业绩如此恶化的主要原因，三鬼在《东芝的悲剧》中予以罗列。经我个人的理解进行整理后，可归纳为以下四点：

第一，名门意识的作祟。从战前便存在的"大东芝"意识，顽固地存在于经营层和员工之中，导致公司上下骄傲自满，管理执行缺乏力度。相关的具体实例，三鬼在书中列举了不少，而其中最令人吃惊的，要数东芝社长办公室的奢侈豪华——不但配有专用的独立卫生间、独立的浴室浴缸，甚至还有独立的厨房和专属的厨师。企业文化竟奢华至此！技术人员的名门意识或者说"技术至上主义"的扭曲亦发人深省，对此，三鬼在书中提到，当时有一批东芝产的洗衣机外体腐锈，无法再使用，可东芝的技术人员脑路清奇，自豪地说："马达运转依然顺畅，咱们公司的马达就是这么优秀。"

第二，花钱大手大脚。三鬼在这方面举的例子包括东芝宣传费之多、管理人员之多、工资待遇之高。换言之，与日立相比，东芝对外彰显自家面子的各类费用开销过大。就拿科长以上级别的管理人员来说，日立为276人，可东芝却多达459人（数据截至1964年11月）。论销售额，日立要比东芝高出两成以上。不仅如此，三鬼还强调，哪怕在董事干部的薪酬方面，东芝也比日立要高。

第三，子公司的管理混乱。在那个时代，绝大多数日企还未采用共同会计决算方式。即便如此，根据当时外界的共识，人们普遍认为日立的子公司中不乏优秀企业；而东芝子公司的领导多为总公司派去的高管，他们高高在上，相关管理很不到位。三鬼也在书中列举了相关的各种数据和事例。

第四，高层的权力斗争。尤其是会长和社长的交恶。"社长换人"一事使得石坂和岩下渐行渐远，个中八卦被当时的媒体大肆报道。在此之前，两人之间的不和早已在公司内尽人皆知。究其原因，三鬼的分析较为客观和冷峻，他认为"二者皆有错"——石坂忙于经济界的应酬和活动，没有在经营方面投入充分的精力；作为一名企业经营者，岩下的气度和性格也存在缺陷。但不管原因如何，一家企业的会长和社长交恶对立，势必会导致公司内部混乱或停滞。在三鬼看来，这也使东芝在和日立的竞争中处于极大劣势。

把三鬼的上述著作和当时其他人的各种评述分析文章相对照，可知上述四大主要原因八九不离十。反过来说，在东芝管理如此混乱、组织如此僵硬的情况下，其与日立之间的差距居然还能维持在这种"还不算惨烈"的水平，或许也算是一种"成绩"吧。透过上述经营悲剧，东芝基层人才的努力和优秀反而被折射出来。

或许正是看到了这点，土光才心生"靠改革解决困境"的信心，因此才会最终答应就任东芝社长吧。

向我看齐

对于"空降而来"的土光，东芝的人又是什么观点呢?

对此，在土光就任社长时已是董事（后来担任东芝社长）的岩田弐夫曾说:"'即便岩下再不行，也犯不着再请外人来执掌公司，这搞得咱们东芝似乎没人了一样'——这便是当时广大东芝员工的想法。其实也可以理解。土光先生大概对此也心中有数，因此独自前来赴任的第一句话就是:'我是刚被雇来的，在东芝属于新人晚辈，请大家多多指教。'这就是他的本事，这种姿态太到位了。这应该叫懂政治，还是应该叫通人情? 不管怎样，他无疑是个爱操心的劳碌命之人。"

土光就任社长后，打出了猛烈的"改革组合拳"。他就如"名角影帝"一般，以"向我看齐"的作风，旨在以改变员工的行为方式，促进公司内部的意识转变。

1965 年 5 月 27 日，土光在董事干部会议上被正式任命为东芝社长。次日早晨，位于日比谷电电公社大楼的东芝总部就出现了这样一幕：总部的上班时间为八点半，可土光在七点半便出现在了总部前台。自不必说，当时没有员工在。保安问他："请问您是哪位？"土光答道："我叫土光，是贵公司的新任社长，今后请多多关照。"保安想必吓了一跳，赶紧向土光深深敬了一个礼，然后立即陪土光上8楼，把土光导引至社长办公室。

而最为震惊的，恐怕要数公司的董事干部们。之前，岩下社长的出勤时间往往是十点，因此干部会议一般在十点半开。面对早到的新社长，他们也不得不慌忙地提早出勤。他们不知道土光早就养成了早起的习惯，因此不少干部自作聪明地推断："这只是新官上任三把火，（土光）坚持不了多久的。"可实际情况呢？土光坚持做到了每天七点半到公司，并宣布："七点半至八点半是社长办公室开放时间，大门敞开，谁都可以进来与我交谈。"一段时间后，一到早上的开门时间，社长办公室门前就会排起长队。而董事干部们也自发地提早出勤，使得干部会议在八点半就能召开。

上任数日后，土光便打算独自前往川崎的堀川工厂拜访那里的工会总部。这让东芝劳动部的人大为震惊，他们劝土光："您是堂堂社长，自然应该是工会方面派代表过来拜访您才对。您这么做，公司之前可没有先例啊。"对此，土光毫不理会，只是回应道："我是新人，新人对前辈呼之即来，这不合道理。"

被土光此举真正吓坏的，是工会方面。当时，总部突然通知工会社长要莅临，且离到达只剩几个小时。工会成员们得到通知后，立即停下手头工作，开始打扫文件堆积如山、四处落满灰尘的办公室。由于办公室没有像样的桌布，大家不得不用白纸铺在老旧的办公桌上遮丑……慌乱地收拾完毕后，大家紧张地等候土光的到来。土光到时，已是傍晚时分。当时的他拎着一升装的酒瓶，对工会成员们说："我是新社长土光。大家别这么拘谨，咱们先干一杯。"这可谓当年他拜访播磨造船所相生工厂那一幕的重现。

早上的出勤时间也好，拜访工会的风格也好，都是土光用行动向周围人展示自己理念的途径。对于亲眼目击的人而言，对他的印象想必极为深刻。

如果把领导直接教育下属的经营方式称作"直接对话法经营"的话，那么土光不借言语，而以行动和姿态示人的方式，亦是一种"直接对话法"，其主旨是"向我看齐"。言语有时会有浮于表面之虞，土光这种默默以姿态取得信赖的作风，反而是更为有效的"直接对话法经营"。

体现土光"直接对话法"的另一个典型事例，则要数他走遍东芝全国 30 多家工厂和诸多营业所，以及拜访多家与东芝有合作关系的公司的总部社长之举。土光通过亲自亮相、直接交流沟通，让基层现场和合作伙伴实打实地了解了东芝新社长是怎样的人，其经营方针如何等。作为"基层现场主义者"的土光，自然想亲临基层现场，视察现场情况，倾听现场心声，但更深层的目的，大概是让基层现场看到他和他的姿态。

走马上任后，土光马不停蹄地开始了他的"全国行脚"。由于公司里事务繁忙，因此他每次"行脚"不是当天去当天回，就是在下班后坐夜班列车前往。"全国行脚"花了半年左右的时间完成。当时的土光已是 68 岁，精神矍铄，体力充沛。对基层现场的员工们而言，看到将近古稀之年的社长居然不顾劳顿亲自前来，自然格外感动。反观前任岩下社长，就连离东京不远的川崎地区，他都没有走遍每一个工厂。

土光与岩下的作风差异，体现在各个方面，尤其是对待基层员工态度方面，可谓给土光加了分。岩下任社长时，有时会乘坐夜班列车前往关西地区出差，只因为该列车会于深夜在东海道铁路沿线的车站稍作停留，位于东海道的东芝工厂的负责人就要去车站恭迎，以示敬意。想象一下，深夜的车站月台上，站着毕恭毕敬的工厂负责人，他们为了恭迎社长乘坐的列车已经等了好久。列车在月台停留了短短几分钟，几分钟后，列车连同列车上的社长一同消失在茫茫夜色中，而他们，自始至终都未见到社长露面。与此相对，土光要么当天去当天回，要么坐夜班列车前来，而且积极深入工厂现场，热衷于与基层员工对话交流。由此不难推测，工厂负责人和员工恭候土光的心情，与恭迎岩下的心情，自然是天差地别。

再说回社长办公室的独立浴室和独立厨房，土光上任后，立即下令拆除了它们，而且还把社长办公室换到一间较小的房间。至于社长所配备的秘书，之前是 2 男 2 女，土光则将其削减至 1 男 1 女。社长专用的接送车也被土光从之前的进口车换成了国产车……换言之，自上任伊始，土光就在方方面面进行风风火火地改革，目的是让董事干部们向自己看齐。

活用内部期刊

不仅是通过行动的"直接对话法经营"，对于付诸言语文字的"直接对话法经营"，土光也十分重视。和当年就任石川岛总公司社长后立即创办公司内部期刊一样，土光在东芝时亦着力于活用内部期刊。

在土光就任前，东芝已有名为《东芝生活》的内部期刊，主要内容是展现员工的保健福利和业余生活。土光上任后，着重于充实其内容，将其重新定义为"推进意识改革的有力手段"和"组织内沟通交流的有效载体"。

土光就任社长期间（尤其是刚上任后），经常和各部门各领域的员工举办座谈会，并积极地把相关交流内容刊登在内部期刊上。这种企划和栏目是之前所没有的，其中包含了土光希望把自己对员工代表说的话传达给公司全员的意图。哪怕是他在石播任职时，公司内部期刊也很少有类似的企划。究其缘由，大概是土光对石播的各个基层现场十分熟悉，所以无须这么做。除此，土光还在内部期刊的卷首部分设置了名为"领导方针集"的栏目，用于刊登

"土光语录",也是旨在直接传达自己的理念。

1965 年 11 月(土光就任东芝社长的 4 个月后),土光又创办了名为《管理者笔记》的面向公司管理层的"内部机密,不可外传"之小册子(类似于只供管理人员阅览的内参,每一期 30 页左右)。自创刊后,几乎月月刊发,卷首部分亦有名为"领导方针集"的栏目。

《东芝生活》和《管理者笔记》上的"领导方针集"栏目皆从 1966 年 1 月刊开始登载。至于该栏目设立的契机,据说是由于土光在就任社长半年内的各种接地气的语录感动了内部期刊的编撰负责人,于是,该负责人提议让全体员工都能了解社长的言语和思想。至于土光批准此栏目的理由,大概也是希望有一个向员工传声的媒介。回想当年在石播,内部期刊并无这种语录类栏目。

由于读者对象不同,两种内部期刊的内容也有细微的差异。总体来说,《东芝生活》偏重于鼓励全体员工身为组织一员,该如何思考,而《管理者笔记》倾向于向公司管理层灌输经营知识和经营理念。

说回《东芝生活》和《管理者笔记》上的首期"领导方针集"(皆登载于 1966 年 1 月刊),其都是 5 句话。此处介绍各自的前 3 句。有意思的是,同为前 3 句话,两个"领导方针集"的语气却有不同。

《东芝生活》上的"领导方针集"

· 凡决定的事，必确立实现的方法。对外亦如此，须展示东芝"计划必兑现"的魄力。

· 要随时、活跃地开展公司内部的沟通。对海外情势，要能敏锐察觉，积极吸收相关信息。

· 讨论问题要摒弃抽象化，应积累具体数字，以为基础。

《管理者笔记》上的"领导方针集"

· 莫要再把"经济不景气"挂在嘴边，当下的不景气，反而是改善企业"体质"的绝好起点。

· 事业部部长是与社长领导层立场对等的利润中心。

· 不管对上还是对下，每个人都应时刻具备"质疑"和"反馈"的意识。

《东芝生活》上的"领导方针集"栏目的存在时间超过了土光担任东芝社长的时间，一直持续至1974年11月（土光于1972年8月退任东芝社长），但每期所登载的语录数量却有明显的变化趋势。在栏目开设的1961年1月至1967年11月（《东芝生活》是隔月刊），每期皆为5条语录（偶尔有6条）。而从1968年1月起，语录数量减至1条（但附有较长的解说）。截至1972年6月，《东芝生活》上刊登的土光语录共计122条，其中的83条为1967年11

月前刊登，可见占比之大。这种数量的变化，似乎与土光语录在公司的落实程度之间存在着微妙的关系。关于这点，我会在后面予以分析。而此处可以明确的是，从 1968 年起，土光对东芝的基层现场难以驾驭，而他"重振东芝经营"的成果也露出疲态。

至于《管理者笔记》上的"领导方针集"栏目，随着土光退任社长便戛然而止。就连《管理者笔记》本身的出刊间隔也日渐变长。但栏目中的语录数量倒无甚变化，一直保持每期 5 条（唯有一期是 6 条），总计 321 条。

上述语录的刊登数量和情况，微妙地反映了土光的态度、精力以及公司内部的反应。至于土光语录内容本身，的确有许多精妙厚重、发人深思的亮点。1970 年，精选了 100 条土光语录并附加相应解说而成书的《经营的行动指针》得以出版，该书保持了长期的人气，是累计销量远超 40 万册的长销书。

"质疑""反馈"之经营术

《管理者笔记》的"领导方针集"中有一条提到了"质疑"和"反馈"。这是土光在任时反复对管理人员提出的要求。具体来说，对于基层现场的工作活动，土光赋予下属充分的权限，但一旦发现结果有问题，土光就会对下属质疑："这是什么原因？"对于上司的这种质疑，下属必须立即予以反馈，并切实采取对策。通过"质疑"和"反馈"，便能激发组织活力，并促进成员之间的相互信赖。

土光想凭借"质疑"和"反馈"改革组织的意图，在就任致辞仪式（1965年5月）上发言的两大主旨中亦有体现。

· 激活组织活力

· 充分行使被赋予的权限

对于这两大主旨，土光当时做了进一步说明："组织要发挥功能，其关键在人。说实话，我们公司目前的组织活动，很难称得上'富有活力'……凡'重责任'者，理应完全行使被赋予之权限。而为了正确行使权限，就需要付出莫大的努力。其中尤以沟通交流为重。"

为了实现两大主旨所包含的目标，土光在就任社长后积极付诸行动。除了凭借前述的"直接对话法经营"（以言语和非言语的方式感染员工），他还积极采取组织化的手段，即所谓的"间接对话法经营"（由于经营者不直接与现场发生关系，故称之为"间接"）。具体来说，"间接对话法"即通过改善组织成员的工作环境，完善相关的规章制度，使各岗位发挥出企业所希望的理想作用。比如，通过调整组织结构、完善经营管理制度来改变员工实际工作方式及状态的方法，便是"间接对话法经营"之典型。土光的"间接对话法经营"主要表现为以下三个方面：

一是强调对事业部放权。之前，东芝总部以及各管事的董事干部权力过大，他们凌驾于各事业部部长之上，没有他们的批准，事业部部长便无法处理重要事务。对此，土光宣布要把权限百分之百地赋予各事业部部长。

二是根据业务性质划分事业部。即对组织重新分割组合，设立一些新的事业部。土光上任一年内，东芝新设了四大事业部：化学材料事业部、玻璃事业部、设施事业部、音响事业部。拿音响事业部来说，之前与音响业务相关的岗位和人员分散于各个事业部，土光将这些人员和岗位重新整合，组成了音响事业部。通过新设事业部的举措，东芝的事业部从原先的 12 个增至 16 个。

三是完善制度。上任一年内，土光引入了目标管理制度、事业部业绩评价制度，甚至还设立了事业部概况月度例会报告等制度。目标管理制度的引入，是为了激发公司员工达成目标的主观能动性，同时促进自下而上的经营反馈体制。至于引入事业部业绩评价制度和例会报告制度，则是为了搭建企业高层与各事业部之间"质疑"和"反馈"的平台。

对于进行上述组织改革的目的，土光解释："日常工作全权交由各事业部负责即可，至于高层和董事干部，只需从相关活动的外围予以管理和支持。如此一来，便能迫使各事业部自力更生……目标既然是自己定的，全员便会干劲儿十足地实现。万一目标未能达成，我就会提出'质疑'。"

以事业部为核心的经营也好，强化事业部部长的权限也好，导入目标管理制度也好，这些都是土光执掌石播时已经取得成效的组织管理对策。

如此接二连三的组织改革（间接对话法经营），加上土光的行动及公司内部的沟通交流（直接对话法经营），的确给东芝带来了活力。哪怕是在"东芝的困境"中对东芝提出尖锐批评的三鬼阳之助，也在书中惊叹道："在（土光）就任社长后的短短半年间，东芝的公司氛围的确有了巨大变化。"

董事干部年轻化

但东芝当时的情况并没有三鬼说的那么乐观，重振之路依然"任重而道远"。

1966年5月，在土光就任社长一年后，《东芝生活》策划一个耐人寻味的卷首企划专题"我们公司有活力吗"。该专题的开头记述了那一年4月土光极为紧凑的广岛出差之行。他先是搭乘前一晚的夜班列车出发，第二天早上七点到达广岛站后，立即赶往广岛营业所参加会议，接着拜访当地的大客户等，如此忙碌一整天后，他又乘坐当天晚间九点后的夜班列车赶回东京。

该专题旨在通过土光紧锣密鼓的行程展现企业活力，不仅如此，专题还公布了围绕员工看法的问卷调查结果。其中，针对"你认为公司活力充分吗?"，有75%的受访者表示"还不充分"；而针对"你认为是谁在阻碍公司充分发挥活力?"的问题，19%的受访者表示"责任在经营干部层"，35%的受访者表示"责任在管理人员"。换言之，对于公司活力不足的情况，员工普遍认为管理人员和经营层应承担五成以上的责任。

这样的调查结果，或许出于公司员工冷静严格的自我判断，或许是由于改革后的业绩尚未显现，从而使得对于"活力"的准确评估较为困难。

1966 年 3 月末，1965 年度的年间决算结果发表。还是拿日立比较，日立的同期销售额为 2855 亿日元，东芝则为 2213 亿日元；至于当期利润，日立为 152 亿日元，东芝仅为 15 亿日元。与前一年度相比，二者的差距越拉越大，其中的典型体现是当期销售额利润率（当期销售额利润率 = 当期利润÷当期销售额）日立为 5.3%，东芝仅为 0.7%，可谓天差地别。对土光而言，这样极不乐观的决算数字或许早在他的意料之中，对于上述问卷调查结果，他也视其为情理之中。像东芝这般庞大的企业组织，倘若能在短时间内轻易转变意识，反倒是不正常的了。鉴于此，土光继续毫不松懈地坚持推进改革。

在当月（1966 年 5 月）的股东大会上，土光大力度地调整了董事干部层，使其年轻化。在股东大会前，公司董事共有 21 人。在此次大会上，将近半数（9 人）的董事退任，7 名新董事就任，再加上同年 11 月又有石播的田口社长和真藤副社长以外部董事的身份加入东芝董事会（对此，土光或许在 5 月的股东大会召开时已做好打算），董事会成员等于在该年度实行了"9 上 9 下"的大规模换血。

退任的董事中，包括石坂和岩下。不仅如此，在土光退任社长之前，东芝的会长职位一直空缺。换言之，土光已然全权在握，成了东芝的真正领导。回想一年前岩下的抵抗，似乎像做梦一样。

想必是因为当时的公司气氛已然向土光倾斜，大家才乐于让他大权独揽。而这或许也是土光在上任后1年内如火如荼的改革所取得的重要成果之一。

对董事干部层的调整不仅是新任多名董事，还包括对既任董事的大力提拔，其典型便是岩田弌夫。对于当时连常务都不是的他，土光直接将其提拔为专务。财务出身的岩田当时仅有56岁，在东芝的常务干部队伍中非常年轻，后来，他还当上了东芝社长。通过人事换血，公司董事的平均年龄降了5岁之多。

这种以实现董事干部层年轻化为目的的任免举措，可谓为企业组织带来新风和活力的手段。与此同时，土光还下了另一手棋——制订长期计划。

岩下掌权时，东芝已有始于1965年4月的"两年中期经营计划"。待该计划在1967年3月完结后，土光便命令相关人员制订了新的长期计划。该计划始于1967年4月，为期5年。其实早在1966年初，土光便已下达了制订长期计划的指示；在1966年6月的经营层干部会议上，土光命令相关经办人对该计划的制订情况进行中期汇报；之后，土光正式决定，在新董事会成员的体制之下，投入时间精力，让新的长期计划尽快出台。

该长期计划目的有二：一是向组织全员明示公司宏大的未来目标，吹响进军号角；二是通过制订长期计划，建立各事业部内部的议事流程机制，即让基层各部门学会基于未来制订自己的长期计划。

上述进军号角的确吹得很响亮。该计划指出，截至1971 年，公司的销售额要增至 2 倍，员工工资待遇要增至2 倍，生产效率也要提升至 2 倍，且出口额要增至 3 倍（并占到总销售额的 20%），新产品销售额要占到总销售额的 50%。不仅如此，对于员工人数增幅，计划却将其严格控制在 20%的范围内。面对这般计划，基层现场难免会心生怀疑：这真能达成吗？也许正因如此，该长期计划并未明示与利润相关的目标额。

该进军号角与土光当年在石播出台的公司长期计划类似，但鉴于东芝当时低迷的业绩，该长期计划的目标设定比石播的更为困难和严苛。当年，石播制订的是十年计划，其目标是销售额增至 4.4 倍，员工工资待遇和产能等增至2 倍。

对于这点，土光心中有数。他在《管理者笔记》上向公司管理人员强调："（计划的）实施势必伴随巨大困难，为了实现它，我希望各位管理人员转变思维，否则，长期计划只能沦为画中之饼。"1967 年 4 月的《东芝生活》也设立了有关长期计划的卷首特辑，土光在文中向广大员工进行了详细的说明。

业绩急速改善

土光真可谓"幸运的男人"。就任石川岛社长后，特需订单暴增；石播合并后，日本经济开始迈入高度成长期；就任东芝社长的第二年，日本经济又步入被称为"伊奘诺景气"（指日本经济史上自1965年11月到1970年7月间连续5年的经济增长时期。日本在1964年举办东京奥运会后，经济曾一度陷入不景气，为此，政府决定发行战后第一次建设国债。1966年后，经济形势持续转好。——译者注）的较长繁荣期。

顺风顺水的大环境，再加上土光的"改革组合拳"显现成效，使东芝的业绩颇有改善。

图1展示了东芝在岩下掌权的1963年、1964年与土光掌权时的1965至1972年度的销售额成长率及当期销售额利润率的走势。的确，在岩下掌权的最后两年，公司的成长状况及利润率皆迅速恶化。土光掌权头一年（1965年），东芝的决算结果在之前的惯性下跌至谷底，从那之后，东芝的业绩便急速改善，其不断提升的势头一直持续至1968

年度（在之后的四年间，东芝的业绩再度下滑）。

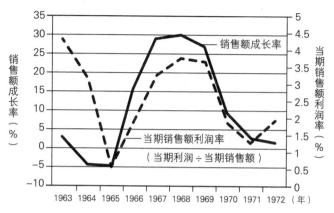

图 1　岩下·土光的 10 年（销售额成长率及当期利润率）

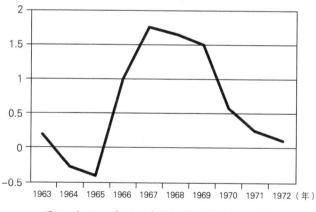

图 2　与 GDP 相比，东芝销售额成长率的弹性

为了确认东芝的业绩是否单纯地因为土光搭了当时经济繁荣的便车，需要参照日本当时的 GDP 成长率和东芝销售额成长率之间的比率（即东芝销售额成长率÷日本 GDP 成长率），其结果如图 2 所示。经济学界将这样的比率称为"弹性"。比如，日本的 GDP 每增长 1%，东芝销售额增长多少，二者之间的倍率，便是一种弹性指数。假如东芝的销售额成长率是日本 GDP 成长率的 2 倍，则该弹性指数的数值便是"2"。

由图 2 可知，在岩下掌权期，日本的 GDP 明明在增长，东芝却陷入负增长。土光掌权后，这一情况有所改善。1966 年，东芝销售额成长率的弹性指数几乎为 1，即东芝的成长率与日本整体的成长率基本持平。到了 1969 年之前，东芝的成长率曾一度提升至同期日本 GDP 成长率的 1.5 倍多。可见东芝的成长之快。

在土光掌权期的前半段，东芝的成长率一路走高，甚至一度超过了日本整体的成长率；可在其掌权期的后半段，东芝的业绩成长跌落至低于日本整体成长率的水平。

纵观同期的竞争对手——日立制作所和松下电器产业的业绩，可知二者的成长率一直高于同期日本的整体成长率。由此可见，在土光的改革下，东芝的业绩虽有急速改善，但与日立和松下之间的差距也在不断拉大。比如在 1967 年，日本整体处于经济形势持续转好的环境，可东芝的销售额成长率还是远远低于松下。对此，当时的《管理者笔记》指出，其原因在于公司为了确保赢利能力，无法实施扩大市场份额的战略。

即便如此，土光如火如荼的改革举措和积极努力的姿态仍然被各大媒体争相报道，从而使社会上对于土光发起的"东芝意识革命"抱有大于实际的正面印象。对此，《管理者笔记》不动声色地指出，当时不少应届毕业生以及从其他公司跳槽来的员工入职东芝后都产生了巨大的心理落差："以为工作岗位充满紧张和挑战，其实并非如此，并没有想象的那么'斯巴达'。"

就任社长2年多后，土光的确把东芝从濒死状态中救了回来，但要让公司具备足以迈入新发展的活力，则是困难重重。或许土光也感受到了公司这种趋于停滞的实情，因此在上述长期计划实施8个月后的1967年12月，召开了东芝史无前例的全国部科长级会议。1800名与会者从全国各地齐聚于川崎的东芝体育馆，会议从当日上午10时持续至下午5时，会议内容包括代表讲话和全体讨论。土光此举，或许是为了效仿他于1961年召开的长期计划发表会，那是一次召集石播部科长全员参加的会议。

与石播那次旨在"吹响进军号角"的动员大会不同，东芝的这次会议与其说是为了商讨达成计划的直接事项，不如说是为了打造相应的组织基础条件。虽然后来的东芝企业史将该会议的主题定性为"活用和培养人才""贯彻团队合作""为了达成长期目标"，但事实并非如此。这从当年此会议的召开主旨中亦可感知，该主旨明确写道："（公司目前的）以思维方式、思考方式为代表的组织活动，仍未跳出既有的习惯，必须以实现长期计划为契机，重建公司将来的基础。若照此下去，则令人难以安心。"

正是从报道上述全国部科长级会议的那本《东芝生活》起，其"领导方针集"栏目的语录从之前一贯的 5 条变为 1 条（但配以较长的解说）。这标志着土光对组织传达理念方式的变化。那期栏目所登载的语录是"对于计划，应排除万难、坚决实现。该过程是锻炼人的过程"。不仅如此，这期《东芝生活》的卷首特辑是"土光与年轻员工的座谈会"，文章题为《你们正是计划的实施者！》，从中可见土光为了改革东芝而作出的巨大努力，同时亦可窥见其焦躁之情。

强化与石播的合作

为了东芝的改革和发展，土光当时想到的重要手段之一，便是强化与石播的合作。早在之前，东芝和石播就在火力发电厂之类的建设项目中有过合作：石播提供锅炉，东芝提供发电机。而且土光自己也曾在两家的合资公司石川岛芝浦涡轮机公司长期工作。

1966 年 9 月，土光确立了东芝和石播之间的协作机制：两家企业互持对方股份（持股数量各为 1000 万股，并不算太多），且双方高层皆担任对方公司的外部董事，即东芝的平贺副社长和岩田专务担任石播的外部董事，石播的田口社长和真藤副社长担任东芝的外部董事。这四人还组成了名为"四人委员会"的组织。后来，这两家公司的企业史把该组织的功能描述为"促进两家之协调，推进两家之合作"。土光由于当时还兼任着石播的会长，因此没有必要正式成为"四人委员会"的成员。

与此同时，两家公司的战略企划办公室还共同实施了一项对比调查：综合普通机械、电机机械、运输机械这 3

大机械领域，把东芝·石播集团、三菱集团、日立·日产集团进行比较，并将调查结果发表在 1967 年 5 月的《管理者笔记》上。文章题为《关于强化与石播的合作》，文中指出，"产业机械领域与电机机械领域的协作关系，是技术发展的必然趋势"，等于是为强化两家合作的合理性背书。

我起初认为土光当时或许考虑过两家的合并事宜，但后来发现并非如此。就拿上述"四人委员会"来说，他似乎只视之为"持股公司的政策委员会"。此外，1969 年，两家公司曾尝试在核能领域建立一种较为宽松的业务整合关系，在传达该信息的那期《东芝生活》中，土光撰文道："若能在不合并的情况下发挥合并般的优势，则最好不过。在我看来，目前的（合作）方式或许最为理想。"

基于该方针，1966 年 9 月，石播的核能部部长、电器基本计划室室长、系统控制技术室室长等受命被调往东芝；而东芝的系统技术中心负责人则兼任石播的系统控制技术室室长助理。二者相比，让东芝向石播派遣的人员显得极少且趋于形式，考虑到两家在电子领域的实力差距，这样的安排或许理所当然。

此外，两家还在 1966 年宣布计划共同出展在 1970 年举办的大阪世博会上（以"东芝 IHI 馆"的形式）。在制铁滚轧机械领域，石播于 1967 年 10 月兼并了东芝的子公司——芝浦共同工业，1000 多名东芝集团的员工转入石播麾下。这使石播的滚轧机部门在当时跃升为业内第一，同时也拯救了陷入经营苦境的芝浦共同工业，因此可谓双赢。

但考虑石播和东芝的企业规模差异，上述一系列人事和业务交流似乎令作为"日本百年老字号大企业"的东芝五味杂陈。而根据后来这两家公司企业史沿革的相关记述，可以发现两家皆认为"截至1968年，强化合作的效果并非十分显著"。

东芝老方一贴

纵观东芝 1967 年下半个财报期（1967 年 10 月至 1968 年 3 月）的业绩，虽然同比之前可谓创了新高，但其与日立和松下之间的差距依然在持续拉大。在 1968 年 4 月的"新年度起始社长致辞"中，土光以"不应该对过去一年的成果感到满足"作为开头，在感谢全体员工付出辛勤努力的同时，嗟叹组织的松垮，并得出"（组织）缺乏相互信赖"的结论。可见，就任社长 3 年的土光，渐渐迎来了改革的困局。

再说回东芝 1967 年的业绩，其家电领域大幅超额完成了长期计划所设定的利润目标，而重型电机领域则未能达成既定的利润目标。即便如此，东芝在家电领域依然被松下越甩越远。原因之一，是家电领域在东芝的长期计划中较为次要，比如相关的人员目标是"5 年内削减 10%"。当时，日本家电市场处于成长期，东芝内部反而减少了对家电领域的资源分配。基于此，原本目标就定得较低的家电领域，自然容易达成计划。

结合东芝此时正强化与石播合作的举措，可以推测出，比起家电，当时的土光把东芝的将来押注在了重型电机、产业机械、工业电子等领域。这也是后来导致东芝电视机部门急速陷入滑铁卢的导火索之一。

东芝1968年5月30日的股东大会选出了10名新董事。要知道在1966年的"大换血"中，也只有7名新董事就任。由此可见，这次的董事变动更大。按照当时的惯例，董事干部的任期一般为2年，因此这是1966年后的首次董事更选。不过，当时退任的董事只有4人，所以等于董事名额比之前增加了6人。

10名新任董事中，7名为事业部部长。在两年前的董事变更时，7名新董事中有4名是事业部部长，故而可以把此次增加董事干部名额的原因归结于公司事业部的增加。

比起谁是新董事干部的人选，公司内部更关心土光是否会退任。在公布董事人事安排的那期《东芝生活》中，有一个《土光答编辑部问》的特别栏目，问题皆围绕当时的董事干部人选安排及其意义。在该栏目的最后，编辑部向土光坦言："得知社长不退任，员工们非常安心。"可见，公司内部之前的确有土光退任的传闻。对此，土光回应："东芝的病灶很深。而确立新体制，则是我的责任。"

此外，编辑部还指出："（公司内部）似乎对改革呈现出了疲态。"可见组织内松懈现象的显现，已逐渐成了许多人的共识。也难怪，当时土光已就任社长3年，对于起初如火如荼的改革新风，大家逐渐趋于习惯性倦怠。也正因为此，公司内部普遍希望土光继续执掌东芝。

不仅限于上述"编辑后记"中的感言，纵观同年的《东芝生活》和《管理者笔记》中，有一些文章更是如同"警戒信号"，让人感受到了东芝内部的矛盾逐步表面化。

1968年8月的《东芝生活》中，土光与东芝劳联（工会联合会）委员长的对谈便是典型。一年之前，前任委员长与土光的对谈也发表在了公司的内部期刊中，正如那次对谈的文章所述，"这是东芝有史以来首次的社长与（劳联）委员长之对谈"，对谈的气氛良好。时隔一年的此次对谈，却显露出了新委员长与土光之间的隔阂。

在对谈中，劳联的新委员长高濑对土光直言不讳："这么多的员工，社长您不可能人人体恤、个个顾及吧？"

对此，土光反驳："我找他们（干部）一名名当面谈话，结果发现有不少抱怨自己怀才不遇。所以，人事安排是个复杂的问题。"

高濑不依不饶地追问："可整个公司上下总共7万人，社长您还是没法和他们一个个面对面地谈话吧？"

当然，土光有土光的说法，劳联委员长高濑的措辞也有欠缺，但上述对谈的确暴露出公司内部的矛盾。

1968年10月的《管理者笔记》登载了综合企划部对

于下期预算（从 1968 年 10 月至 1969 年 3 月）的说明文章，文章记述了土光在该预算制定过程中提出修改意见的流程原委——各事业部先提出基本预算构想，土光将其与长期计划进行比较后，指出"在销售额大幅提升的同时，盈利方面却明显停滞，这体现了人员规模的匆忙扩大以及对强化经营体质的怠慢"，之后，综合企划部向各事业部传达"关于制定下期预算的严格基本方针"，具体包括原则上不许补充减耗人员，削减经费开支，压缩研发费用等。

虽然东芝制定了相关预算及盈利计划，但与友商一路高歌的业绩相比，东芝依旧"路漫漫其修远兮"。于是，土光进一步要求下属修正计划，比如将利润再提高 15% ~ 20%。连续好几期计划皆是如此，土光不断提出重新审视和修正的要求。他的危机感和决心可见一斑。

综合企划部在文章的结尾写道："至于该预算能否实现，其伴随的困难自然很大。"当时，各媒体对土光改革的主流评价依然积极乐观，诸如"大变样的东芝"之类的文章随处可见。可现实情况截然不同，对此，综合企划部自身亦坦言"（东芝的）现实情况相当严峻"，在 1968 年 10 月的《东芝生活》中，综合企划部甚至对能否实现下期预算如此写道："若该预算及相关对策失败，则会对我们公司的社会声誉造成致命打击。"的确如此，一旦东芝的实际决算结果背离了媒体的期待，整个社会和舆论就会立刻

"变脸"，对东芝进行口诛笔伐。

综上所述，《东芝生活》编辑部的"组织疲态"一文刊登于1968年7月，新任劳联委员长对土光改革的负面言论刊载于1968年8月，综合企划部围绕下期预算盈利计划修正且充满危机感的文章登载于1968年10月。1968年可谓东芝实现"V字形复苏"的利好年，也是各媒体正面报道东芝大变样的年份，可通过这些内部文章可知，与表面的数字和媒体报道不同，当时东芝内部的改革停滞其实已相当严重。

而最有冲击力的典型，则要数1968年11月的《东芝生活》中的特别专题《我们公司的"意识革新"是否在推进?》。该专题的结论认为，公司的确有变革的部分，但总体依旧难言到位。其中，普通员工的评价最不留情，有人说："'土光主义'并没有像媒体宣传的那样渗透及落实至全公司，我认为，问题出在充当上下级沟通桥梁的中层干部身上。"

至于中层干部，也发出了相当刺耳的批评声音。有人说："变革给人不充分的感觉。虽然企业的危机感已然传达至基层，大家能够畅所欲言的自由氛围也显著改善，但公司基本的管理架构和管理方式依然给人换汤不换药之感。诸如责任权限的明确化和放权等，在公司架构层面，几乎未能推进。"

土光当初走马上任之时，曾强调两点——激活组织活力和充分行使被赋予的权限。之后的 4 年内，他基于该方针尝试了各种改革，但东芝这个巨型组织似乎仍无甚大变化。

第四年重上发条

土光本人也察觉到了公司内部的氛围和情况，因此在1969年初迅速对改革"重上发条"。因其基本方法与刚就任社长后的1965年、1966年如出一辙，所以这里称其为"重上发条"。

第一，强化事业部制。土光出台了事业部自主责任体制，重新审视和修订了事业部管理会计的计算制度。第二，修正长期计划。他终止了始于1967年4月的五年计划，以1969年中期为起点，制订了新五年计划。第三，强化与石播的合作。尤其将核能作为两家的合作核心。在新五年计划中，核能是指定的七大重点成长领域之首。第四，土光亲自对员工"娓娓道来"的频率增加。比如在内部期刊《东芝生活》中，土光的"登场"频率比之前高了不少。

纵观前三条"重上发条"的举措，皆属于"间接对话法经营"，且是既有举措的彻底化。在"重上发条"之举中打出"彻底贯彻既有方策"牌，说明之前的施策方向虽没错，但程度不足。至于第四条，则是土光将自己一向擅长的"直接对话法经营"再次娴熟运用。

先讲事业部自主责任体制的确立。自土光就任社长之初,便明确宣布要赋予事业部部长百分之百的权限。可在实际执行中,事业部部长们并未充分使用被赋予的权限。为了彻底贯彻"放权"和"用权",土光提出了一系列改革理念,包括各事业部要有独立公司的意识,召开让干部们相互探讨的事业部经营会议,严格追究盈利责任等。

就拿几乎占据东芝销售额半数的家电领域来说,虽然按照电视机、制冷制热机器等领域进行了部门划分,各部门也有自己的研发和生产队伍,可整个家电的市场销售一直由东芝商事负责,销售和生产环节的脱节,使得协调整合十分不易。当时,在东芝内部,不少事业部无法像石播的事业部那样集研发、生产、销售为一体,事业部部长也无法独自总揽研发、生产及销售环节。在这样的状态下,即便呼吁事业部部长要有独立公司的意识,恐怕也只会让他们不知所措。

造成事业部自主责任体制不充分的另一个原因,则涉及管理会计层面。事业部利润计算系统缺乏精度,因此即便想严格追究盈利责任,最终也往往会不了了之。针对这些痼疾,土光开始正式"动刀"。

针对事业部管理会计制度,土光进行了一系列相关改革,包括确立公司内部交易及交易价格的市场价格基准,制作各事业部的资产负债表，精算各事业部的结转盈亏，重新审视各事业部的资本金，将投融资账目交给各事业部管理，制作各事业部的财务现金流量表，等等。

上述始于 1969 年的具体改革措施，目的是给事业部自主责任体制保驾护航，属于夯实贯彻框架机制之举。这本是土光上任之初便应行之事，但由于土光上任前积习已久的各种陈旧机制和惯例太多，导致他无法在上任后立即拿它们开刀。但无论哪项改革，都是作为"业内事业部制前辈"的松下老早就在实施的。

再看第二条"间接对话法经营"举措，修正长期计划。1970 年 1 月制订的新五年计划指出，从 1969 年算起，要在 5 年内实现销售额增至 2.5 倍，当期利润增至 3 倍的目标。可对于员工总数的增加，新五年计划规定要控制在两成，这与旧版的长期计划相同。考虑到对业绩要求的提升，新计划在这方面的目标设定其实比旧版更为严苛了。在旧版计划实施的第 2 年（1968 年），增加的员工人数便已达到计划的上限（增幅不得超过 20%）。即便如此，在制订新计划时，土光依然设定了同样的上限值。

新五年计划把七大领域指定为重点成长领域，它们是核能、住宅、自动化、信息处理、医疗、国防、新材料（部件）。由于它们的属性是"新成长点"，因此既有的家电业务自然不在其列。可前面提到，家电的销售额毕竟占了东芝总销售额的近五成，因此将家电业务划入新领域也未尝不可。

重点成长领域的设定，与第三条"重上发条"的举措，即强化与石播的合作相关。因为其中有不少领域皆是能与石播展开合作的领域。比如核能、自动化及国防。

核能领域是东芝一直着力推进的领域。东芝从 GE 引进相关技术，当时敦贺和福岛的新核电厂的建设，亦有东芝参与其中。此外，从担任石播社长时起，核能便是土光较为重视的领域之一。作为强化与石播在该领域合作的具体行动之一，1969 年 8 月，土光外聘石播的永野治副社长为东芝的专任副社长兼核能总部部长（同时保留石播副社长之职）。所谓专任副社长，即非董事的副社长，这是东芝之前不存在的职位。至于东芝的核能总部，其作为社长的直辖组织已然存在，且原来的部长是金岩芳郎董事。随着永野就任部长，金岩便改任董事兼副部长。

在永野上任部长的同时，石播化工机械事业部旗下的核能部门的 74 名员工被外调至东芝。他们隶属于东芝核能总部旗下的核能容器部门，一直在东芝工作至 1971 年 9 月才回到石播。两家公司当时在该领域的业务合作实属紧密，凡是东芝接手的核电厂建设项目，石播皆负责容纳舱等设备的制造。

关于永野就任东芝副社长之事，相关资料来源于石播的企业史。可纵观东芝的企业史，却未见相关记录，只有"石播技术人员被外调过来"的记述。这样的差异，多少有点不自然，考虑永野属于喷气发动机专家而非核能专家，很容易让人怀疑东芝核能总部的员工当时对永野的上任或许心存不服。

再看始于1969年的第四条"重上发条"之举措——土光再次娴熟运用"直接对话法经营"。1969年的《东芝生活》新年刊登载了土光与市场营业部骨干员工的座谈会报道，之后又登载了同年发表的关于两大方针的访谈、在新人入职仪式上的讲话、与ZD·QC（ZD，全称为Zero Defects，意为零残次；QC，全称为Quality Control，意为品控。——译者注）负责人的座谈会等。可见，仅在《东芝生活》上，土光几乎是每期必登场。

进入1970年后，土光的"直接对话法经营"也未松懈。比如1月刊和正月新年刊分别登载了土光与管理层骨干和年轻员工（20岁前后）的座谈会内容。不仅如此，1月刊中登有社长致辞及访谈，3月刊中登有在部门负责人级别员工研修活动上的讲话，7月刊中登有与评论家扇谷正造的对谈，10月刊中登有接受《日本经济新闻》工业栏目编辑部部长采访的内容摘要，11月刊中登有与"生活作文大赛"获奖入选者座谈的内容。

纵观1970年刊发的8期《东芝生活》，其中6期都有土光登场，可谓他就任社长以来在《东芝生活》中曝光度最高的一年。其旨在强化"直接对话法"的意图可见一斑。那一年的土光已是 72 岁高龄，可以说是"拼着一身老骨"的阵头指挥。

尤其是《东芝生活》在 1970 年 3 月刊中登载的在部门负责人级别员工研修活动上的讲话，颇具暗示意义。土光在讲话中承认自己的误判，并再次呼吁各基层现场应具备认真严格的精神："因为东芝有实力，所以我原以为能够较早强化公司的'体质'，结果我的预想出了错。至于其原因……没有对单个问题予以彻底讨论，也没有在罗列审视所有条件的基础上作决策。深挖的力度还不够……各高层虽有提议，但不敢拍板……明明被赋予权限，却缺乏'活用权力，用好权力'的精神，此为问题所在。"

那期《东芝生活》的"编辑后记"栏目写道："若只高喊'意识革新'之口号，则有撞南墙之虞。"该栏目还介绍了一位资深东芝前员工的提案，其建议东芝彻底贯彻以责任单位细分化、明确化及以利润为判断基准的市场竞争原则，彻底对各部门进行考评，并在建议的最后总结："不要靠空喊，而要靠系统来运营。"可谓言之在理。

为何要我每年重复相同的话？

虽然土光这般励精图治，可从 1969 年起，东芝的业绩还是开始出现下滑。与日本经济的整体走势相比，东芝的下滑极为严重。到 1970 年，东芝的成长率只有日本 GDP 成长率的一半。到了 1971 年，更是进一步跌至三成以下。究其原因，东芝彩电引入全晶体管化技术的迟滞起到了较大的负面作用。

前面已数次提到，当时东芝将近一半的销售额来自家电，而其中的明星产品便是彩电。很长一段时间内，东芝彩电的市场份额一直仅次于松下，属于亚军。日立率先引入全晶体管化技术后，其生产的彩电在消费者中的人气快速攀升。与依然采用真空管混合技术的东芝彩电相比，全晶体管化的彩电从开机到出现画面的等待时间大幅缩短，且故障率也较低。

东芝彩电引入全晶体管化技术比日立整整晚了 1 年。其间，日立的市场份额从 1969 年 9 月财报期的 10% 增至 1970 年 9 月财报期的 22%。至此，日立超过东芝，成为日本国内彩电市场的老二。在成长迅速的市场，一年的迟滞带来的打击是异常沉痛的。

当然，负责东芝家电市场销售的东芝商事早就强烈要求东芝彩电升级为全晶体管化，可肩负盈利责任的东芝电视机事业部当时刚投资建成一套大型的真空管制造设备，因此想继续大量生产采用真空管混合技术的彩电。这就是东芝彩电在全晶体管化的行业技术升级大潮中落后于人的主要原因。

纵观东芝 1970 年上半期的决算结果，不仅是电视机，其他不少事业部的销售额也未能达到预算计划。在报告该决算结果的那期《管理者笔记》中，公司的财务分析部嗟叹，"计划挫折和相应的借口太多"，同时在末尾总结，"我们公司应该再多点爷们儿气质"。这或许正是土光想说的话。

随着业绩日渐低迷，《东芝生活》也在 1971 年 1 月刊中登出了以《为何未能实行》为题的卷首特辑。土光在那一年的年初致辞中指出："东芝的病根，在于不实行决定之事。"他还说："事到如今，再谈理论已无益。因为大家都明白该怎么做，可就是不实行。所以，必须认真落实、逐一实行，除此无他。我之前还一直强调反省的必要性，可大家真的有在反省吗？东芝上上下下 8.3 万名员工，如果都能切实做到反省和实行，那么公司的业绩早就轻松达到目前的 2 倍了。"

再说回上述卷首特辑，其主要内容还包括对刚完成年初致辞的土光的专访，以及对公司管理人员的问卷调查（回答率仅为 50%）结果的分析。其中，彰显土光的改革陷入瓶颈的部分尤为显眼。该专访篇幅之长，可谓特例，而编辑部所提的问题和异议，也体现了公司内部的分裂。

从组织化、系统化实行目标的层面来看，目标管理的确成了我们公司的管理核心。可包括公司高层在内，涵盖联结全体经营参与者的感觉仍旧较弱……

社长您的要求实行起来非常困难，让人觉得就好像硬让螃蟹直着走……

社长您的心情完全可以理解，可大家有时没法做得如此到位。您相信员工，认为自下而上的方式行得通，可五年过去了，改革却成效甚微，由此可见……

将如此尖锐的质疑直接登载于公司内部期刊中，不管在哪家企业，都实属罕见，甚至给人一种"批判社长"之感。当然，对于这些质疑，土光也作出了反驳，且内容较长，其中，下列反驳颇具代表性：

不要光靠脑子想，要付诸行动去实现。

对于富家公子，应该严加管教和培养。

今后要做到信赏必罚。

从那期之后，《东芝生活》的发刊间隔从原先的每3个月2期变为每3个月1期。土光也几乎不在其中"登场"了。这或许是由于上述卷首特辑惹的祸，恐怕公司内部察觉到了此文不妙。

至于东芝的经营状况，即便到了1971年度财年开端的4月，也依然未见好转。在1971年9月的《管理者笔记》中，土光史无前例地在卷首发表了年度中期寄语《目前的形势以及东芝管理人员应有的品质》。按照惯例，社长只在年度起始的4月发表卷首寄语，而在该年度的中期寄语中，土光再次指出了东芝内部懈怠的疲态，甚至说出了这样的话："东芝究竟有没有以技术立足的工匠精神？整个企业和各事业部究竟有没有为了生存而竭尽所能赚取所需利润的商贾精神？我觉得，包括全体董事干部及管理人员在内，当下都有必要三省三思这些问题。"

从上述卷首寄语发表后的10月起，土光再次开始巡视东芝位于全国各地的工厂。这样做的动机，也许是为了直接激励基层，也许是其退任社长的心意已决，因而想在退任前与各基层做最后的道别。

1972年初，在面向全体员工的新年致辞中，土光的话甚至说到了这个份上："明明能够做到，很多事大家却不去做。不愿意切实践行，不愿意吃力流汗。虽然脑子明白道理，却不去付诸行动。为何要我每年重复相同的话?"从这字里行间感受到土光在干了将近 7 年东芝社长后的焦躁感和无力感的，想必不只是我一个人吧。

突如其来的社长更迭

　　截至 1972 年 3 月，东芝 1971 年下半个财报期的决算结果依然不尽如人意。东芝与日立之间的差距更大了。就拿共同结算来说，日立的当期利润为 222 亿日元，而东芝只有 51 亿日元。

　　此时的土光也许早已考虑好了引退的时机。就如 1972 年的社长新年致辞所体现的那样，当时的土光和公司干部之间已然产生了隔阂，否则也不会在新年致辞中采用"为何要我每年重复相同的话"之类的措辞。

　　对于重启 1971 年秋的工厂巡视活动，土光则倾注精力、坚持力行。在 1972 年 6 月刊《东芝生活》的编辑后记中，写有"（社长）每巡视某个工厂一次，该工厂便整洁一分"的讽刺之语。此为对"擅长修饰社长看得到的地方"的东芝管理人员的揶揄。对于管理人员这样的小聪明，土光肯定有所察觉。即便如此，他还是坚持巡视工厂。对他而言，或许这些基层才是让他安心的所在。

　　评述土光的书籍众多，作为先声的要数榊原博行的

《土光敏夫评传》。在该书中，榊原评价土光为"日本第一工厂负责人"。这是对贯彻现场主义的技术人员土光的赞誉，我个人也觉得恰如其分。而对土光而言，像东芝这般组织庞大的中枢体系东芝总部，或许是不太自在之地。

1972年7月31日，土光在董事例会上宣布退任社长。这可谓突如其来的社长更迭。土光推举的继任者是当时东芝的副社长之一玉置敬三。玉置之前一直是负责工业电子领域的副社长，他原本在通产省担任事务次长，后来入职东芝，当时已经在东芝干了17年。对东芝来说，玉置仍然是一个非元老、非资深的"外来社长"。

在同年8月3日举办的对外宣布社长更迭的记者招待会上，土光感言："就任社长之初，我以为干个一两年就足够了，可实际出现了诸多状况，最终干了7年……如今，经济形势好转的兆头已然显现，我相信东芝的经营也会趋于上行。于是，在征得周围人的理解之后，我下定了（退任的）决心。"

对于"为何有悖寻常地选择在8月进行权力交接"的问题，土光当时答道："（东芝）4月至6月的业绩给了我信心，加上（早点让接班人接手）是我这两三年来的心愿，因此我觉得事不宜迟。"土光的回答应该也不算是言不由衷，但也正如他在记者招待会上的发言一样——说到不说破，心境不尽言。

当时的土光已是 75 岁，临近不得不退休的年龄。回顾土光就任东芝社长的 7 年，他并未完全实现对东芝的重建，想必也心存遗憾。这份心情，在其《我的履历书》中亦有所体现。该书在言及 1966 年的董事干部年轻化"大换血"后，立马笔锋一转："该人才起用举措于 1972 年显现成效，因此我预测东芝今后前途无恙，于是在同年 8 月，我辞去了社长一职。这比我当初预想的退任年份，还是推后了许多。"

上述内容后，土光立刻翻过了这篇，开始阐述自己就任经团联会长之事。当然，在记述该内容之前，土光也在书中提及了"质疑"之经营术和"领导方针集"栏目的创办等，但相关内容仅围绕东芝 1965 年、1966 年的经营状进行阐述，对于 1967 年至 1972 年这 5 年的"苦斗期"，土光一概未提。果然，他自己也感到了一种大志未酬的"不完全燃烧"之感。

但我认为，在那个时代，纵观整个日本，应该没有哪一家企业比东芝更难管理和运营的了。一是由于其庞大的规模和复杂的业务结构。毕竟东芝是拥有 8 万多名员工的巨型集团，且其业务范围极其广泛，不仅包括灯泡、电视机等民用领域，甚至包括核能这样的工业领域。二是由于土光经营管理的松懈和东芝"名门意识"的痼疾。

这些问题都是石播所没有的。鉴于此，我觉得土光的表现已经相当不错了。可纵观当时的经济类杂志等媒体对他的评价，总体论调还是认为土光重建东芝以失败而告终。对此，榊原在其著作中引用了东芝相关人士的评价，其中压倒性的意见如下："说实话，土光先生的'精神革命'，在东芝这种如同'大和'和'武藏'级吨位的'战舰'面前遭遇了挫折。（当时）公司内部的氛围很好地证明了这一点。大家对（土光）的'企业战士主义'已然厌倦，又逐渐回到之前的松懈状态。"

不知是否巧合，同样在1972年，石播的社长也在11月进行了更迭，田口连三退任社长，改任会长，真藤恒被提拔为社长，土光也随之辞去了石播会长的职务，转任董事顾问。由此可见，从1972年夏季至秋季，土光几乎同时退任了东芝社长和石播会长的职务，转任东芝的会长和石播的董事顾问。

真藤可谓土光在石播的"秘密钦定接班人"。土光当年无法直接让他接替自己成为社长，因此只得让田口"曲线过渡"。在真藤就任社长后，土光便如任务已然完成一般，退任了石播会长一职。

对于东芝的继任社长人选，土光也不得不作出类似的安排。在东芝，土光的"秘密钦定接班人"是于1966年董事干部年轻化"大换血"中被大幅提拔上来的岩田弍夫。因此在土光决定退任时，周围人普遍认为岩田会成为接任的新社长。岩田已于 1968 年成为副社长，但身体有恙，1969 年更是因心肌梗死住了一年医院。1970 年，岩田重返公司，在同年 5 月的经营机构改革中，得以兼任材料事业负责人以及综合企划、总务、财务等总公司部门负责人的职务。这样一来，财务出身的岩田兼管业务范畴。考虑这一系列提拔，不少公司内部人士和相关人士都认为岩田会成为土光的接班人。

可结果并非如此，不知是因为岩田的身体还未完全恢复，还是土光认为曾负责电子计算机业务的原通产省事务次长玉置在协调东芝和政府关系方面更适合担任社长，总之在 1972 年 7 月，土光意外地指定玉置继任社长。玉置当了 4 年社长后，1976 年，岩田成了东芝社长。在玉置退任社长并改任会长的同时，土光辞去了东芝会长一职，转任董事顾问。

不管在石播还是东芝，土光都是把自己的"秘密钦定接班人"扶上社长之位后，主动退任会长。而这两位接班人日后也都成了活跃于日本经济界的大人物。真藤后来当上了日本电信电话株式会社的首任社长，岩田后来当上了日本烟草产业公司的首任会长。

朴素的生活

在私生活方面，土光即使已经担任了东芝社长，依然保持朴素的生活作风。

就拿住处来说，他住的仍然是当初为母亲建造的位于鹤见狮子谷的房子。那时，房子已又旧又窄了。尤其是院子的大门，不仅十分老旧，嘎吱作响，还经常卡住人，登门拜访他的东芝干部以及报社记者经常为了拉开大门而头痛费力。有一次，东芝干部正要告辞时，怎么也拉不开院子的"破门"，这时，土光指着大门旁边矮树篱笆处的一个洞说："这种（大门卡死的）时候，往那里钻就行了。"

此外，在土光以东芝社长的身份担任太阳能振兴协会会长时，为了以身作则地节约成本，践行环保减排，打算在自家也安一套太阳能热水器。可他的房子实在过于老旧了，一旦在房顶安装太阳能热水器，整个房顶恐怕无法承重。无奈之下，只得先造一个大铁架，然后再安放太阳能热水器。搞到最后，其实完全没有节约。

类似的事情不胜枚举，而土光毫不在意，他喜欢保持自己的生活习惯。不过作为日本第二的家电厂商的社长，他的这种作风有时还真有点不合时宜。

比如，土光家直到1972年才有了彩电。当时，日本普通家庭的彩电普及率已达70%。不仅如此，这台彩电还是东芝深谷工厂彩电生产线创造百万台产量纪录时，员工们作为纪念礼物送给土光的。或许在他们看来，堂堂东芝社长的家中居然没有东芝的彩电，实在说不过去。也难怪当年公司内部围绕电视全晶体管化而开展白热化的讨论时，土光身为社长却对全晶体管化的优势感知不强了。

再说到空调，土光的家中既无制冷空调，也无制热设备。东芝明明是制冷机的知名制造商，可其社长不愿在家中安装制冷空调，还说什么"自然通风最健康"。对此，时任副社长的岩田觉得实在不妥，同时为了顾及登门采访的记者们的感受，于是"擅自"派员工去土光家安上了东芝的制冷空调。

上述种种，若从"大企业社长的朴素生活"的层面看，的确桩桩可谓美谈，但作为一家家电销售额占公司总销售额近五成的企业的社长，其亦不可否认地体现了他对市场及消费者较为漠视的缺点。

严于自律的土光，对他人也十分严厉。尤其对于想逃避责任的干部，他会毫不留情地大声怒斥。在一次董事干部会议上，一名分管市场销售的干部在会上百般辩解，试图将责任"甩锅"给制造部门，土光对其大声怒斥，吓得那名本就患有贫血的干部因心跳过速当场晕倒。不仅如此，他甚至对东芝的董事干部们也会训话："你们要拼死努力！我都来了好几个月了，你们究竟在干什么？你们的家人我会照顾，所以你们大可放心为公司鞠躬尽瘁，死一两个也无妨！"对此，土光本人解释道："我没有发火，只是天生大嗓门而已，你们大可用更大的嗓门回答我。"可周围的人哪敢呢……

严厉之外，土光又有充满人情味的一面，因此有不少人尊重和爱戴他，甚至敬他为师。尤其对下属和基层员工，土光格外关心和体恤。有一次，他去视察东芝的地方工厂，在视察之行即将结束时，他站在室外对基层员工们讲话。其间，下起了雨，可他却不撑伞，冒雨继续坚持到讲话结束，这使在场的员工们心中涌出不寻常的感动之情。

就是这般人格崇高之人、当面沟通的高人、"直接对话法经营"的能手，却最终未能完全实现东芝的重建。虽然他的确把东芝从濒死状态救了回来，却难言到位。其浓浓的人情味以及多愁善感的性格，或许是造成该结果的原因之一。

从石播时代起便对土光较为熟悉的真藤恒的如下评述，也许就蕴含着相关真相："他（土光）认为，既然人无完人，就不能全盘否定一个人，因此他绝对不会说诸如'那家伙不行'之类的话，不会情绪化地把一个人'一棍子打死'，而是旨在督促对方努力改正缺点、补充不足。也正因为如此，土光完全不会给下属造成'自己可能被（领导）抛弃'的压力，这使得组织内部较易团结。可与此同时，这也使得公司的人事变得过于稀松，公司内缺乏那种'一旦得罪了（土光），自己就永无出头之日'的紧张感。"

不仅如此，真藤还坦言道："对于害群之马，（土光）丝毫不做清理。"与真藤同为土光"秘密钦定接班人"的岩田弐夫，似乎也有同感："在人事管理方面，土光先生实在太过多情善感，搞得分管相关事务的下属十分困扰。"

纵观土光以社长身份于 1966 年 6 月主导的董事成员"大换血"，直至 1972 年 8 月，土光任命的董事为 28 人，可免去的董事只有 16 人（土光自身除外）。的确如真藤所言，土光在"刮骨"优化人员方面力度欠佳。

话虽如此，基于我对土光执掌东芝时期的言行调查，我认为他对于人和组织的洞察力其实非常深刻。比如，精选汇编了其大量语录的《经营的行动指针》一书，就十分具有代表性。这实在是一本好书，其中收录的土光语录皆意义丰富、措辞含蓄，比如：

· 打动顾客，最终还是要靠诚意。若能以诚相对，甚至能化不信为信任。

·要思考施策的时机。就如春之樱花，源于冬之苞蕾。

即便如此，在重建东芝方面，土光仍然不得不以"壮志未酬"而告终。在东芝这般体量的庞大组织面前，土光作为"直接对话法高手"的特质——卓越的当面沟通术、体察人心的言语、崇高且强烈的人格气场，在推动组织改革中难以充分发挥力量。与之相对，"间接对话法经营"方面的措施或许更为有效。

土光的引人瞩目之处（或者说神秘之处），则在于其离开东芝后成为"行政改革的魔鬼"并赢得日本民众信赖，乃至成为"国民英雄"的过程。换言之，土光的人生舞台，并未终于东芝。在退任东芝社长后，他以经团联会长及临时行政调查会会长的身份，把自身朴素的生活作风、严格慎独的姿态、浓浓的人情味发挥得淋漓尽致。这般机缘运势，体现了人生之妙。

第 5 章 『沙丁土光』

奠定国本

再次改变土光人生之路的关键人物，又是石坂泰三。

1968 年 5 月，石坂辞去经团联会长之职，同时，他推举了时任东芝社长的土光担任经团联副会长。之前从未在经团联的任何一个委员会担任过委员长的土光，一下子被推举为副会长，可谓有违惯例的人事安排。可由于是石坂的亲自推举，因此经团联方面也好，土光本人也好，想必都只能被迫接受。

1974 年 5 月，继石坂之后干了两期（每期 3 年）的经团联会长植村甲午郎宣布退任。在石坂等一众经团联"长老"的推荐下，土光被指名为植村会长的接班人。那时的土光已经 77 岁，距离退任东芝社长已过去将近两年。

土光被推上经团联会长之位的过程并非顺利。虽然其作为"植村接班人的不二人选"的呼声的确很高，但时任东京电力公司会长兼经济同友会代表干事的经济界明星木川田一隆也有不少拥护者。此外，土光重建东芝不力，使得经济界对他的评价也趋于平平。但石坂坚持力推土光担任会长。从 1956 年至 1968 年，石坂担任了四期经团联会长，可谓经团联中最为资深的长老级人物。媒体一度把经团联会长称为"经济界总理"，便是出于石坂的巨大影响力。当时，石坂建议"现在正是需要像土光这种具备行动力人物的时候"，引起了一众经团联资深前辈们的共鸣。

这是由于当时的经团联作为一个行会性组织，在日本经济界的地位已岌岌可危。植村接班后，日本工商会议所和经济同友会之类的团体开始崭露头角，作为"经济界老牌总舵"的经团联的地位似乎渐渐不保。再加上 1973 年11 月爆发的石油危机，日本的整体经济正处于混乱的旋涡之中。在石坂看来，面对石油危机、通货膨胀以及能源危机这一系列冲击的日本，急需土光这样的人物；即使基于经团联自身的现状，也需要土光来重振。

1975 年 3 月，在土光就任第 4 代经团联会长的两年后，石坂去世。作为经团联和东芝的会长，土光当时担任了葬礼委员长一职。石坂的葬礼由两大团体和九家企业共同举办，地点设在日本武道馆。土光以葬礼委员长的身份在葬礼上朗读了悼文。该悼文由他亲自执笔，充满真情实感。悼文开头引用了石坂生前纪念自己亡妻的短歌，具体如下：

1975 年 3 月 6 日，在初春淡雪之晨，石坂先生突然驾鹤西去。"每有降雪至，便忆雪子往日情，遂伸手至极，但求留雪于掌中"。此为他纪念逝去妻子之短歌。而我对于石坂先生离开人世的那个下雪的早晨，亦是同样的终生难以忘怀。

接着，土光在悼文中罗列了一系列自己对石坂的追忆片段："在国际会议场合，作为主持人的铿锵措辞。时而如雷鸣一般，抛出让我们深省的警言；时而如针刺一般，手握让我们痛苦的讽语；时而如春风一般，给后辈激励的体恤……"如此感伤的行文，对土光而言可谓罕见，这也体现了他对石坂的敬慕之情。

在土光即将退任东芝社长的那段时间，石坂曾对土光说："你是工匠类领导之栋梁，是否甘愿于止步于此？我建议你不断挑战，今后超越执掌企业的范畴，成就'奠定国本'的壮举。"此话一出，土光一时难以应对。而石坂所说的"奠定国本"的正式机会，便是就任经团联会长。

退任东芝社长时，土光是带着那种"不完全燃烧"的挫败感离开的，这种挫败感使他最终接受了石坂的邀请，为了经团联而再度奔走。

激发行动力，施加影响与现场主义

土光就任经团联会长后的第一个举措，便是激励经团联内部。所谓内部，即事务局以及副会长、委员长等干部。

首先，对于"事务总负责人"这一职位，土光故意使其空缺。按照之前的惯例，经团联会选出一名副会长来担任事务总负责人（即事务局的领导）。至于前任事务总负责人（同时也是副会长）堀越祯三，其在前任植村会长退任的同时也辞去了自身的职务，因此在土光走马上任时，经团联还缺一个新的事务总负责人。

对于该人选，不少人都看好花村仁八郎。花村当时是经团联的专务理事，一直在实管事务方面的工作。可土光并不急着提拔花村。在事务总负责人空缺的情况下，土光掌权的经团联开始运作。对于此举，土光虽未明确言及，但鉴于事务局之前僵化迟钝的机制，不难判断土光对其心有不满。

当时还有传言认为土光会"另起炉灶"，任用曾当过通产省事务次官的人来担任事务总负责人。经团联中从事事务工作的职员大约有 150 名，上述谣传让他们大为震动。一旦此事成真，就意味着自家（事务局）出身的领导被否定，转而空降一个前通产省的官员来接管，如此一来，经团联恐怕会沦为实质上受制于通产省的组织。花村认为，当时的经团联已是存在了 30 年的老牌组织，相应的人才储备也很充分，因此向土光谏言："我反对让前通产省官员担任我们的事务总负责人，这会挫伤事务局职员们的士气。"土光回应道："我还什么都没决定。"

自那以后，上述人事谣传便没了下文。一年后，土光任命花村担任事务总负责人。之所以一年后才任命，或许是土光为了对花村进行考察，抑或整件事就是土光故意向事务局传达的信号：我这个会长可不会轻易对你们事务局唯命是从。

实际上，土光非但没有对事务局唯命是从，反而经常主动出击。他召见事务局各成员谈话，对他们提出各种问题，还会发出各种抱怨。相当于沿用了执掌东芝时的"质疑"和"反馈"的经营手法。土光快速且接二连三地发出指示，并要求相关经办人迅速予以答复。可经团联事务局一向习惯于慢节奏，因此有不少人对上光的做法难以适应。土光知道后，亲临事务局，对那些工作拖拉不到位的"顽固分子"怒斥道："你们是听不懂日语吗？"

如此挨过土光训的员工之一，便是后来成为优秀的会长秘书的居林次雄。刚就任经团联会长不久，土光就曾"威胁"居林："你们这些经团联的人，是不是觉得自己和国铁员工一样捧了个'铁饭碗'？是不是觉得反正经团联不会倒闭，所以才这么懈怠？你信不信我干脆把经团联弄倒闭？"居林后来回忆："大家当时感受到了一种'似乎会被（土光）杀掉'的压迫感，有的同事甚至吓得生了病。"

究其原因，应该是当时石油危机导致严峻的经济形势使其产生危机感，从而要求经团联事务局作出迅速及时的恰当反应，即一种"土光风格的意识改革"。

不仅针对职员，对于担任干部的企业经营者，土光也着手推进意识改革。

第一，土光精简了由企业经营者担任委员长的各委员会。从原来的33个削减至25个，相应地，原本只是"挂个名头"的委员长也少了一批。

第二，土光还废除了伴有晚宴的会议，取而代之的是频繁召开的早餐会。哪怕有政治家作为上宾，土光也不参加相关晚宴或晚会。有一次，英国女王伊丽莎白二世访日。为了表示对女王的欢迎，日本皇宫为其举办晚宴，土光也在天皇的邀请之列。土光却婉拒："我年事已高……"可见其坚持自身原则之彻底。

土光担任经团联会长时，曾任三菱矿业水泥公司会长的大槻文平任副会长，后来，在土光的盛情邀请下，大槻又担任行政改革推进审议会会长代理。土光去世后，在一次由原经团联副会长们召开的"土光追思会"上，大槻感言："让我佩服的一点是，我在经团联与土光先生共事六年，作为会长和副会长，我俩一次都未单独聚过会喝过酒。这着实令我惊叹，毕竟常人是做不到的。"

不仅如此，土光还十分重视聆听地方经济团体的意见，并积极在全国各地进行视察调研。对于这种每月必有的外地出差，土光的原则是当天来回。因为一旦要住一晚，当地接待方就要张罗晚宴之类的，等于给各地视察对象造成了负担。就连去北海道和九州等地，土光也坚持当天来回。由于陪同前往的副会长中有不少年事已高的，身体着实吃不消，后来改成了住一晚，但土光依然坚持不设晚宴，并要求一定要在第二天上午安排工厂参观等现场视察活动。在住宿标准上，他要求下榻的酒店不可奢华，且只住单床标间。土光一行每到一处，都会有当地知名企业家前往其下榻之处拜访。他们皆惊叹土光作风之朴素，同时也切实感到"这一任经团联会长不同以往"，这也使土光的人气日益提升。

在出差地视察现场，体现了土光的"现场主义"，而他这么做的另一个目的在于收集现场心声，向政府首脑请愿。在他看来，此为经团联的重要职责之一。对此，土光说："视察各地方经济团体，一方面源于我不彻底了解情况不罢休的性格，另一方面也是为了给因石油危机而意气消沉的地方企业家们打气。"

针对经团联事务局的意识改革，针对经团联干部的意识改革，还有对现场信息的收集和亲临现场起到的表率作用，这些举措都与他执掌东芝时的"直接对话法经营"如出一辙。这些将土光的特质展现得淋漓尽致。

参与经济决策

被土光大声怒斥过的，可不止经团联事务局的人。在1975年末召开的经团联评议会上，时任副总理兼经济计划厅长官的福田赳夫进行致辞。其间，对于土光旨在激活石油危机后的日本经济而向政府及自民党反复且积极的谏言和请愿之举，福田点评道："过去的一年里，我一直被土光先生怒斥。我觉得不应该叫他土光先生，而应该叫他'怒号先生'。"

福田的这番话，被土光引用在了《我的履历书》中，但土光对此的辩解可谓高明："我其实并没有发怒，只是天生嗓门大而已。而且我这人一旦全心投入讨论，就会不自觉地敲桌子。这样的脾气和习性，或许让人误解为发怒。"

担任经团联会长的土光与担任东芝社长的土光并无二致，即便对面的人换成了政治家，他也依然态度凛然，拼命努力地强调自己的主张。

至于土光建言献策的内容，主要是经团联从各行业和地方经济团体那里收集到的诉求。除此之外，也有一些浓厚带有土光个人色彩的施策，包括在石油危机后稳定经济及刺激经济的政策，以及"确保日本能源"的资源政策。

因石油危机的冲击，日本的原油价格一举飙升至原来的4倍，造成了物价飞涨的恶性通货膨胀，抑制通胀成为当时经济政策的重心。为此，经团联能采取的手段包括呼吁各企业控制产品价格涨幅以及控制员工薪酬增幅。围绕这两方面，土光迅速积极地不断向各企业发声。他主张："即便出现赤字，各企业也应咬紧牙关，努力坚持。"对于涨薪问题，他也颇有先见之明地在"春斗"（全称为"春季工资斗争"，是日本工会在每年春季组织的要求加薪的斗争，已成为日本劳工运动的固定形式。——译者注）前早早呼吁"要压低涨薪幅度"。

早在1974年夏，土光便在经团联理事会上直言："如果员工的工资涨幅仍然像去年那样维持在30%以上，日本的经济就会崩溃。这次（今年）必须控制在15%以下。每家企业应该从自身能力出发，独立制订涨薪计划，切不可盲目和别家攀比。"

向各企业家提有关"春斗"的意见，原本属于日经联会长的职责，土光这个经团联会长的上述发言其实属于一种越权之举，但土光明知如此却故意为之。该激将法的确奏效，1974年11月，日经联发布了"将薪资涨幅控制在

15%以下"的指导方针。

抑制通胀初见成效后，1975年3月，土光便立刻转变主张，从之前呼吁的"为了控制物价而抑制消费需求"变为主张"刺激经济发展"，甚至还提倡发行国债及允许增加公共事业费用支出。当时，"春斗"的结果还未出，因此有的企业家对他这种转变强烈质疑："土光先生是糊涂了吗？（刺激经济）为时尚早。"

土光并未糊涂，他只是敏锐地察觉到了当时日本经济趋于恶化的严峻现实，故而充满危机感。那一年的"春斗"最后以平均加薪13%而结束，可谓各企业经营层的胜利。而日本政府也采纳了土光的建议，不断推出刺激经济的举措。之后，日本经济的确逐渐恢复，这证明了土光的正确性。而土光这种积极付诸行动、为政府和社会建言献策的做事方式，也逐渐赢得了经济界的广泛信赖。

在土光担任经团联会长的前两年，经济界对他的评价急速好转。这也让他拥有了"经济界总理"的名号。该名号的最初获得者是石坂，植村接班后，便没有人再称经团联会长为"经济界总理"了。而土光靠自己的能力，重拾了经济界对经团联会长的这一美誉。

这里再说一段后话。上述旨在摆脱石油危机的发行国债之举，后来成了日本政府刺激经济的惯用政策。这导致国债不断累积，到了20世纪80年代，庞大的负债逼迫政府不得不进行行政改革。1981年，土光被任命为临时行政调查会会长，负责推行行政改革。而由上述可知，当时造成日本政府亟须推动行政改革的"雷"之一，其实是土光埋下的。可谓种瓜得瓜，造化弄人。

参与民间外交

土光对民间外交十分热心，尤其是与中国和苏联等国家的交流。之前，日本经济界与这些国家的民间交流并不多，土光则对其相当重视，还积极组织经团联使节团前去访问；而对美国等发达国家，他反而撒手让其他经济界人士通过既有的民间渠道去交流，自己很少前去访问。

就任经团联会长后，土光访问的首个国家就是中国，访问时间是 1975 年 10 月。由于石油危机的警示，土光认识到不能只依赖中东进口原油，因此考虑到从中国进口资源。

1975 年，距离中日邦交正常化仅仅过去 3 年，日中之间的贸易额也极为有限。可当时的土光已经看准了中国的潜力，于是组织了包括全体副会长和一众媒体等在内的 50 人经团联使节团前往中国访问。

该使节团给中方带去了一份"双边互惠提案"，即中方向日方出口石油等资源，日方向中方出口成套设备并提供技术协助。中国政府对此表示欢迎，并在人民大会堂设宴款待使节团。之前在日本从不参加晚宴的土光不仅出席了宴会，还在席间与中方代表不停地干杯。土光此举使他在宴席上博得了人气，被中方代表盛赞为"酒豪"。将近80岁高龄的土光，在日本坚决不参加任何晚宴应酬，却在访问中国时如此努力地促进日中友好，这让使节团成员深感敬佩。

1976年可谓土光外访的繁忙之年。8月，土光外访苏联，10月外访英国、联邦德国及法国等欧洲国家。继访问中国后，土光将第二次大规模外访活动的首个目的地选在了苏联，一方面，是为了对中苏"一碗水端平"；另一方面，是考虑到中苏在冷战中所处的阵营，使得两大国与日本之间的政府级交流较难顺畅，而民间交流则可对此稍作弥补。

除了访苏，第二次外访还访问了西欧几国，主要是为了处理贸易摩擦问题。当时，日本与西欧各国的贸易活动导致西欧各国出现了巨大的贸易逆差，日本经济界亟须采取行动避免西欧各国对日采取经济制裁等报复措施。换言之，对于政府难以解决的贸易问题，民间外交可以先行试探，以求转圜。

不管到哪个国家，"土光使节团"都会受到政府首脑的亲自接见，可见该使节团的影响力。到达苏联时，土光应邀前往避暑胜地雅尔塔，与时任苏共中央总书记勃列日涅夫进行会谈。该会谈属于限定陪同人数的小型会谈，由于双方相谈甚欢，会谈时间大幅超出了原定时长。勃列日涅夫甚至说想留土光共进午餐。之后，记录二人友好会面的照片见诸报端，为日苏关系破冰起到了极好的催化效果。

至于旨在改善贸易摩擦的欧洲之行，则充满了紧张气氛。英国、法国以及联邦德国等国的政府首脑都与土光直接谈及了日本贸易政策的不公平以及他们发动制裁手段的意图。这些第一手资料让土光认识到，与他之前在国内获取到的报告和资讯相比，实际的贸易摩擦要严重得多。这也使他感到不满："外务省、通产省，还有各商社，究竟是干什么吃的！"不仅如此，土光在会谈中还被对方逼到了差一步就要被迫签订《日方自愿出口限制承诺书》的地步。虽然土光坚持没签，但也不得不坦言："（欧洲方面）不会就此罢休的。"

对政治谏言

土光积极开展民间外交活动之举，使人们对他愈发赞许。不仅如此，在经济政策及外交政策层面，他也明确贯彻"敢于谏言"的态度，进一步提升了存在感。

而其中之代表，要数他对政治献金问题的发言。

那是 1974 年 7 月，正值土光就任经团联会长后不久。当时，自民党在参议院选举中大败。虽是田中内阁执政时期，但田中在选举活动中与财阀的瓜葛，成了参议院选举中被翻出来的主要话题。这激起了日本国民对财阀勾结政治家的不满。1974 年 8 月，土光就这一问题在记者招待会上明确指出："政治与金钱走得太近了。""若要资助政治家，也应以个人献金的方式，而不该以企业献金的方式。"他甚至宣布："经团联不会再充当各企业向自民党献金的中介。"

1974 年 10 月，田中的资金来源又被挖出了问题。记者立花隆在《文艺春秋》杂志上发表了题为《田中角荣研究——其金脉及人脉》的专题报道。文中揭露了田中利用信浓川河岸开阔地等项目积累财富的内幕。日本社会一时为之哗然。

早在田中任通产省大臣时，土光就因贸易议题等而与田中相识，他十分欣赏田中的办事能力。在看到《文艺春秋》的文章后，土光夜不能眠，跑到总理官邸去见田中。他劝田中主动辞职："我希望你从今天起当个'石地藏'。"（"石地藏"本意为日本各地普遍供奉的石刻地藏王菩萨像，此处引申为一言不发、默不作声的人。——译者注）

田中并没有把土光的谏言听进去，只是回应："那篇报道无非是一些谣言的拼凑。"可该报道引起的反响太大了，两个月（12月）后，田中不得不通过内阁总辞职来灭公众的怒火。对于经团联会长曾"闯入"总理官邸奉劝总理辞职的终极"政治谏言"之举，当时的媒体并不知晓。

田中辞职后，继任总理的是三木武夫。对这位总理，土光照样"不客气"。在三木内阁成立的次年（1975年），三木总理和自民党三大首脑及经团联干部举行了早餐会。其间，土光向三木提出了充满危机感的观点：（如今）石油危机的后遗症依然严重，若不采取合理的经济刺激对策，日本经济就会雪上加霜。对此，三木总理并未正面回应，而是从头到尾只顾说明当下的政治形势，似乎是把土光晾在了一边。

面对三木滔滔不绝地讲述"某某县首长选举，我们自民党候选人赢了"之类的"战绩",忍无可忍的土光大声吼道:"如果经济完了,您打算怎么做!?"此话一出,与会者中有人被吓得面色苍白,同席的中曾根康弘(时任干事长)不得已打了圆场,对土光说:"关于经济对策,总理和自民党三大首脑会共同商议,努力处理。"

上述会晤后,土光向周围人流露出了对中曾根的好评。而中曾根想必也对土光这位因忧国忧民而敢于当面吼总理的经团联会长印象深刻。这也为中曾根后来在考虑临时行政调查会会长的人选时认为"非土光莫属"埋下了伏笔。

再说回田中的资金来源问题,其由于1976年2月的洛克希德事件而再度引燃。当时,全日空计划在1972年购入新客机,备选是洛克希德开发的L-1011三星客机与麦道的DC-10客机。借由行贿日本首相田中角荣及其他重要政治家,洛克希德最终成功让全日空购入L-1011客机。1976年8月,田中遭到了东京地方检察厅特搜部的起诉。对此,土光公开点评:"对坏人就该狠抓。"这让政界、媒体乃至广大日本社会都认识到了土光廉洁奉公的品格。

再讲一个与之相关的小插曲。1977年3月,日本右翼团体"盾之会"成员冲入了经团联会长办公室,并在那里据守,与警方持续对峙。

"盾之会"是小说家三岛由纪夫创立的团体。1970年11月25日,三岛闯入市谷防卫厅发表了鼓励自卫队发动政变的演说，士兵们并没有这样做，三岛之后切腹自杀，这就是"三岛事件"。当时与三岛共同发起该行动的一众年轻人，便是"盾之会"的成员。

"盾之会"在三岛事件结束后解散。四名该团体的原成员当时来到经团联，要求见土光，正巧碰到土光去关西出差。于是，这四人向经团联工作人员亮出手枪，并冲入会长办公室据守，还发表了题为《打倒雅尔塔体系》的檄文。檄文痛批了日本经济界，认为其崇拜的"利益至上主义"使日本堕落。

四人在会长办公室据守了11个小时后，被三岛的妻子规劝投降。土光当时只是在关西发表了一个简短声明：与该事件并无直接交集。至于四人为何要找上经团联会长，其中一人后来坦白："（我们）觉得土光先生能理解我们的诉求，能纠正日本的现行政策，所以前去请命。他是经济界首屈一指的爱国者，而且也经历过那段战争岁月。"

这便是年轻右翼分子对土光的看法。对他这种类似的正面评价和印象，当时遍布日本社会的各个阶层。能充分说明这点的当数下面这个例子。

1978年9月，日本科学技术厅决定举办国际科学技术博览会（科学世博会）时，分管此事的官员们极力推举土光作为该博览会的会长候选人。距离上述右翼分子冲击经团联会长办公室事件，刚过去了一年半。

其实，土光早已萌生退意。早在土光即将任满经团联会长第一期时，便开始向周围表露退意，包括各媒体记者。1977 年正月，他便向记者直言，"（我）想在今年退任会长"。至于理由，他调侃："老糊涂应该走人。"他还说，到了 9 月，自己就迈入 81 岁高龄了，倘若自己继续担任经团联会长，就给一众日本企业的社长和会长立了个坏榜样，他们看样学样，会觉得"我们也还能再干下去"，因此，"自我流放"也是为了日本好。可由于迟迟没有合适的接班人，土光不得不进入第二个任期。第二个任期刚过一年，1978 年 9 月，日本科学技术厅便找到土光，与他商量担任科学世博会会长的事宜。

据说，当时的会长候选人有两位——松下幸之助和土光敏夫，土光最终答应担任该职。作为技术出身之人，他对日本的科技发展甚为重视，亦十分关心日本的资源能源问题。在他看来，资源有限的日本势必要靠科技之力来解决将来的能源问题。而在担任经团联会长期间，他亦开展了不少旨在解决日本能源问题的相关活动。

科学世博会（当时计划于 1985 年举办）是继 1970 年大阪世博会后日本举办的又一次国际博览会。为了振奋在石油危机后陷入低迷的日本经济，或许也是为了继承石坂的遗志（石坂曾任大阪世博会会长），土光毅然接受了科学世博会会长的差事。在筑波举办的科学世博会可谓日本的国家级会展，当时包括本田宗一郎和井深大等科技工业界响当当的人物都担任了协会理事。

1980年5月，被各方面寄予厚望的土光在任职两期（6年）后，退任经团联会长。接任他的是新日本制铁公司的会长稻山嘉宽。在退任东芝社长后的不到8年间，土光作为经团联会长已然成为实至名归的"经济界总理"。凭借清贫的作风和敢于谏言的气魄，他受到了社会各方面的高度评价。对于石坂当初向他提出的"奠定国本"之壮举，土光也的确作出了一番成绩。

第三号难题袭来

　　土光在经团联的优秀成绩，也为他招来了人生中的第三号难题。

　　让土光担任政府第二次临时行政调查会会长的，是时任行政管理厅长官中曾根。人与人的机缘就是这么妙不可言。回看土光处理第三号难题的整个过程，就会发现土光之前担任经团联会长的经历，只是他接下来负责临调会长工作的"助跑"而已。当时，洛克希德事件的发生大幅影响了日本的政治局势，进而促使行政改革成为日本政治的一大主题。要妥善解决它，则需相应的重磅角色。在这一形势下，土光临危受命。因在行政改革中表现优异，土光最终让自己成为难得一见的"国民领袖"。

　　以上便是土光在退任经团联会长不久（1980 年秋）后开启的行政改革的大致经过以及其发挥的主要作用。

　　田中内阁因洛克希德事件倒台后，三木、福田和大平相继执掌内阁。三木执政期间，提出了"清廉政治"的口号；福田执政期间，提出了"重建经济"的主张。在福田内阁向大平内阁的权力交接过程中，发生了有名的"田中·福田政治抗争"，由于田中的支持，大平正芳最终坐上了总理之位。为了重建财政，大平提出了"出台普通消费税"的政策方针，但该方针因党内反对最终流产。

基于自民党的分裂局面，议员们对大平发起了"内阁不信任案决议"。面对该异常事态，大平不得不解散众议院，启动总选举。可此时的自民党已经内部分裂，因此选举陷入苦战。或许是无法承受如此巨大的压力，大平在选举期间因心肌梗死而猝死。现职总理的暴毙使自民党的分裂混乱终于平息。于是，在以"悼念大平"为主旨的总选举中，重新团结的自民党最终取得胜利，属于"大平派"的铃木善幸当上总理。1980 年 7 月，铃木内阁开始执政。

当时，铃木十分担忧日本政府因已经发行的总额已达82 万亿日元的国债而陷入经济危机，因而继续沿袭了"重建财政"的大方针。对此，之前一直受到田中冷遇的中曾根康弘看到了机会，"虽然田中只给了自己行政管理厅长官这一不起眼职位，但自己所分管的行政改革领域大有文章可做"。通过行政改革，以不加税的方式实现财政重建。

于是，在铃木内阁掌权的 4 个月后（1980 年 11 月），国会通过了"关于设立第二次临时行政调查会"的申请。之所以称之为"第二次"，是因为临时行政调查会曾于1962 年设立过，且那次调查会也起草提交了意见报告书，但相关内容几乎都未付诸实行。

鉴于此，这一次（第二次）的调查会会长必须认真负责、甘于奉献，愿意接手这桩政府官员们皆避之不及的麻烦差事，且提交的行政改革意见也必须具备可执行性。考虑到这些，需要建立正规到位的临调机构。这便是行政改革在当时成为日本一大政治主题的大致原委。

面对这一局势，担任"行政改革担当大臣"的中曾根认为，除非起用能让人信服的经济界领袖来当新临调会长，否则行政改革无法成功。当时的经济界对政府机构意见颇大，不少经济界人士认为，一众民企在石油危机后拼死求生，相比之下，日本各行政机关作出的改变和牺牲微不足道。

鉴于此，中曾根很自然地想到了一个合适人选，当时已退任经团联会长半年的土光。土光清贫、强势，是经济界的重磅人物；在担任经团联会长时，他敢当着总理的面谏言。此外，在1975年5月召开的经团联总会上，作为会长的土光在致辞中曾明确指出："要想阻止日本社会走向崩溃，唯有实施行政改革之手术。"可见，早在1975年，土光便察觉到了日本类似古罗马帝国的衰败势头。与古罗马帝国一样，当时的日本国民沉湎于政府给予的"面包和马戏"（即生活保障和休闲娱乐）中，不思进取，日渐颓废。对此，土光敲响了警钟。

考虑到这些因素，土光被政府任命为临调会长或许是水到渠成之事。当时，中曾根还和铃木总理提前通气，在获得铃木"土光先生的确稳重沉着"的首肯后，中曾根便着手说服土光。

可是，土光婉拒了这一请求。中曾根又拜托经团联事务总负责人花村劝说土光，但土光以自己已经84岁为由拒绝了他。无奈之下，中曾根又通过其他关系渠道创造了与土光的碰面机会，可土光依然不愿"出山"，且反复强调："如今的日本，生于明治年代还依然健在者已不超过5%了，就别把思考日本未来这般大事交给这样的老骨头了，应该让年轻人去做才对。"此说法的确在理。但中曾根依然锲而不舍，转而去说服经团联的副会长们。副会长们也认为唯有土光能胜任临调会长。

面对周围人的劝说，再加上这是为国之举，土光最终选择了妥协。这便是土光的性格，"让他就范"不用刀子，只要说"这是为了国家"，他便无法拒绝。在得到"政界及经济界携手支持"的承诺后，土光秉持着"最后的奉公"之动机，答应姑且担任临调会长。

虽然答应了，土光也是拒绝担任会长的，就在国会于1981年2月批准包括会长人选在内的"临调成员人事案"后，土光仍然进行了最后的挣扎。在3月11日的早餐会上，土光以书面形式向铃木总理提交了"四项确认事项"。

之所以要以书面形式，是因为土光担心口头传达会在日后不了了之。在"四项确认事项"中，土光强调，倘若总理不答应这些事项，自己就辞去临调会长一职。根据周围人的证言，土光料定总理不可能接受这些事项，所以故意提出。此举其实是顺坡下驴，土光想以此为由，拒绝担任临调会长。但对于国会已然通过的人事安排，土光还能推翻吗？我对此抱有怀疑。

至于上述确认事项的概要内容，可归纳如下：

一、对于行政改革的意见报告，政府必须实行；

二、必须贯彻在不增税的前提下重建财政的方针；

三、必须推进地方行政改革；

四、必须推进以国铁为代表的"三公社"（日本当时的三大国有企业——日本专卖公社、日本电信电话公社、日本国有铁路。——译者注）"现业"（日本当时有国家参与的行业——邮政储蓄业、林业、国债证券印刷业、造币业、酒精饮料贩卖业。——译者注）的改革。

当时，土光把上述内容的全版打印出来，作为接受临调会长一职的条件亲手递交给了总理大臣。对政治家而言，该确认事项中尽是诸如"不增税"和"国铁改革"之类的雷区。可铃木善幸在认真阅毕此文后说："可以。铃木内阁的核心工作，便是行政改革。"看到总理愿意为行政改革赌上政治生命的决心后，土光自然无路可退，不可能再找理由拒绝了。

1981年3月16日，最初的临调会议在总理官邸召开，这标志着"土光临调"的启动。当年的土光在石油危机后不久，以经团联会长的身份建议时任副总理福田赳夫通过发行国债筹措资金，从而刺激经济；此时的土光又以临调会长的身份，为了重建背负着近100万亿日元国债的政府财政，担任行政改革这一国家重大举措的牵头人。如此的历史轮回，的确有几分讽刺。

揭示主线，心无旁骛

按照立法，本次临调的时限为两年，截止日期为 1983 年 3 月 15 日。也就是说，土光必须在那之前完成并提交最终版的行政改革意见报告书。对土光而言，从 1981 年 3 月至 1983 年 3 月的这两年，可谓充满烦恼却也最为闪耀的两年。已是 84 岁高龄的他，迎来了人生中最为光辉灿烂、最有用武之地的时期，同时也付出了自己所剩不多的生命和精力。

第二次临时行政调查会是一个庞大的组织。构成其最高领导层的"三驾马车"分别是会长土光、会长代理円城寺次郎（时任日本经济新闻社顾问）、调查会调解兼政界联系负责人濑岛龙三（时任伊藤忠商事特别顾问）。此外，还有选自经济界、政界、劳动界及学术界的 6 名正式委员。再往下是 21 名专家委员、78 名从各个国家部门选出的调查办事员，以及 39 名参与者和 5 名顾问。再加上事务局工作人员，整个临调组织大约 200 人。

具体而言，专家委员多数是各个国家部门派来的事务次官级别的资深技术官员，这些国家部门以大藏省为首，还包括建设省、运输省、农林省、通产省及行政管理厅等。至于调查办事员，也都是来自各个国家部门的顶级科长秘书。虽说行政改革兹事体大，这么做也是理所当然，但这般人员构成的确体现了各个国家部门对行政改革的认真和重视程度。毕竟阵容如此豪华的审议会，在日本战后可谓空前绝后。

在 1981 年 3 月至 1983 年 3 月的两年内，临调会议共提交了 5 次意见报告。在初次的临调会议上（1981 年 3 月），铃木总理将首次意见报告提交日设定为 1981 年 7 月 10 日，等于是在临调启动的短短 4 个月后；而对包括事务局在内的审议基本体制的正式确立，则是在 5 月中旬。那时，对于临调整体的审议事项、紧急课题、小组会体制等事务局草案，土光予以了接受和批准。

考虑到事务局全员的人事体量，这般确立体制的速度也堪称超高速了。而在该基本体制确立的 5 月之前，土光对尽是官员的事务局并不完全信赖。据说，土光甚至对事务局的干部说过"不知你们是敌是友"的话。当确认了他们是货真价实的"行政改革推进派"时，土光与事务局之间才有了连带感。这和他当年刚就任经团联会长时对事务局不太信任的情况如出一辙。

体制确立后，便到了被分为 3 个小组会的专家委员之间的问题讨论环节。当时的现实情况迫切需要这般庞大的组织迅速紧急地研讨国家各方面的行政事务。讨论内容涉及国家行政改革的方方面面，即便是土光，其熟悉的专业领域也相当有限，而且临调成员的人选也并非全是土光的决定。面对这些，土光该如何运营呢？换言之，作为第二次临时行政调查会的"经营者"，土光应保持怎样的姿态？想必这是土光首先考虑的问题。

关于此，当年在召开临调会议时一直坐在土光右边充当"会议主持推进角色"的濑岛回忆："之前花村先生和东芝的岩田先生和我'通过气'，说土光先生在会议上习惯从开始就阐明自身意见，并掌控会议的节奏和方向，同时他对人较为严格。因此，我推测他在临调会议上也会如此，可结果完全相反……比如，事务局在会上说明议题内容时，他只是沉默聆听，完全不讲自己的想法。这可是需要相当的定力的。而在会议讨论遇到争议瓶颈时，他便会戳我的左腿，暗示我'你差不多该发言了'。于是，我汲取双方的主张，在梳理后发言。一等我发言完毕，他便立刻宣布：'今天的会议到此结束……'审议会上，往往是赞成和反对的意见皆有，有时这是痛苦而无奈的。而他的确擅于体察委员的心情和感受。"

临调事务局方面也有类似的"证言"："像临调这样的大事，其核心人物应该起到坐镇的作用。至于相关的细节工作，则应放权交给事务局去处理，且不插手赘言。在这方面，土光先生堪称优秀。""土光先生揭示主线，心无旁骛。且面对政治家不卑不亢，泰然自若。该行政改革唯他能胜任，正可谓'土光临调'。"而此节内容的小标题，正是这些"证言"的浓缩。

田中角荣和本田宗一郎出手相助

　　临调启动后的第一次考验，便是定于 1981 年 7 月向总理提交的第一次意见报告（紧急意见报告）。

　　此次意见报告以紧急事项为核心，可谓敲定临调基本框架的报告。相关讨论充满激烈的争论。从社会福利经费到公务员薪酬支出，所有重大的行政课题皆为讨论对象。为保障第一次意见报告顺利出台，从专业小组会到专业小组会中的特别小组会、分科会、劳动小组，乃至内部临调小组，这些细分化的团队在各地各处昼夜不停地持续讨论。其中，以时任住友电工会长龟井正夫为负责人的第一特别小组会讨论起草了《政府年度支出的削减及收入的确保》，以时任庆应义塾大学教授加藤宽为负责人的第二特别小组会讨论起草了《行政的合理化及效率化》。

　　土光不但旁听特别小组会的讨论，还作为总领导出席所有的全体会议。由于担心意见报告因政治家和官员们各自的"算盘"而遭阉割，土光每日精神高度紧张，十分焦躁。尤其是负责讨论公务员和国营企业相关问题的第二特别小组会，对立方的争论相当激烈。即便如此，在 7 月 10 日之前，第一次意见报告必须整理完成。

7 月上旬，旨在整理完成意见报告的最后一次第二特别小组会召开。会议于下午 1 点开始，预计下午 4 点结束，可一直拖到晚上 6 点多，都未能达成共识。作为负责人的加藤一度近乎放弃。直到晚上 7 点，部分与会委员作出让步，才使得意见报告最终出炉。

会议结束后，加藤被请到会议室隔壁的房间。走进房间后，他吃了一惊，平时在下午 5 点就回家的土光和濑岛一起在那个房间里等待结果。在得知意见报告出炉后，土光握住他的手说："谢谢你促成了意见报告。"对此，加藤回忆："自己当时的辛苦和疲劳似乎都一扫而光。"

经历了各种曲折后，1981 年 7 月 10 日，土光拿着完成的第一次意见报告书前往总理官邸。据说，意见报告书提交完毕后，他显得十分从容，或许是因为临调同人的工作表现而感到安心吧。

这番"开门红"使日本政界获得了诸多正面反馈，其中最有象征性的，要数当时自民党最大派系"田中系"的反应。在紧急意见报告提交的短短数日后（7 月中旬），田中角荣以濑岛为中间人，向土光发出了"希望设午宴慰劳"的邀请。在濑岛的竭力劝说下，对赴宴之事不太情愿的土光最终应邀赴宴。当土光到达设宴的高级饭庄时，早已恭候多时的田中角荣和其派系成员们整齐地站成一排，迎接他入席。

就席正座后，田中对土光说："历代内阁所积累的问题，如今劳烦土光先生您处理，这实在过意不去。对于那个紧急意见报告，我们全体同意。且我在此起誓，对于临调今后提交的意见报告，我们田中系也会在促成其落实方面予以各种协助。"由此可见，"土光临调"可谓开局顺利，一切风向都在朝着利好方向转变。

但在土光看来，倘若国民们不把这次行政改革视为关乎自身的问题，行政改革则无法达到实际效果。换言之，他认为行政改革不能是政府的单干，必须推广为国民运动。为此，从1981年夏季起（上述紧急意见报告提交之后），相关人士开始探讨行政改革的国民运动的组织化，即建立支持"土光临调"的国民基础。至于推动这一运动的核心人物，土光选择了自己30多年来的知己——本田技研工业创始人本田宗一郎。

1981年秋，公益财团法人 Scout Association of Japan 在群马县举办了活动。当时，土光任 Scout Association of Japan 日本联盟的总裁，而本田时任副总裁。为了劝本田投身宣传行政改革的国民运动，土光在活动期间拜访了参加活动的本田。二人漫步于群马县的自然风光中，土光充满热忱地说："（咱们）国家已经背负了近百万亿日元的债务，必须趁现在解决。"看到比自己年长 10 岁的土光依然为国家的未来殚精竭虑，本田无法无动于衷，当即回应："这件事参与者越多、搞得越热闹越好，所以我想邀请好友井深大先生入伙，可以吗？"于是，以本田和 SONY 的创始人之一井深大为核心，"行政改革推进全国论坛"这一志愿者团体得以启动。从 1982 年开始，本田和井深二人开始开展相关活动。

全国播放"沙丁餐桌"

　　从 1981 年 9 月起，临调讨论重新开始。当时的小组会被重新整编为 4 个，旨在通过 1982 年 2 月的第二次意见报告来梳理各项改革提案的可行性，以及通过 1982 年 7 月的第三次意见报告来阐述针对包括国铁在内的"三公社"的改制措施。负责讨论"三公社"改革课题的是第 4 小组会，该小组会负责人是加藤宽，负责人代理是原运输省事务次官住田正二。

　　将国铁的分割民营化纳入计划的"三公社"改革一直被视为临调最大的难题。当时，国铁背负着 16 万亿日元的累积债务，且被政客操纵，未能发挥其作为公共事业体的职能；不仅如此，国铁的工会还被称为"日本最强势的工会"。鉴于这些因素，国铁改革一直是历代内阁不愿触及的"烫手山芋"。敲定与之相关的意见报告的作业日程（1982 年 7 月提交），是"土光临调"在 1982 年 7 月迎来的最大难关。

　　实际也的确如此，虽然负责相关议题的第 4 小组会一直努力朝着"分割民营化"的方向整理完成意见报告，但包括国铁自身、运输省系统议员以及位于亏损运营铁路线地区的居民都对国铁民营化表示反对。在这般牵涉巨大利害关系的交锋之中，相关摩擦在7月被推至顶点。

当时，第三次意见报告的提交截止日为1982年7月30日。在报告提交的一周前（7月23日），NHK电视台来到土光家，拍下了其朴素的晚餐和夫妇间的日常对话。当晚，这些内容作为NHK特别节目《85岁的执着：行政改革之代表土光敏夫》的一部分面向全国播出。此举令土光在国民中的人气爆棚，大家称他为"沙丁土光"。

该特别节目介绍了土光的朴素日常，包括十年如一日的自制酸奶早餐、自家院子种的蔬菜、自制的雏菊蔬菜汁等。那晚土光家的晚餐，是用自家种的卷心菜和萝卜叶制成的凉菜，以及朋友送的咸沙丁鱼干，还有糙米饭。

土光从小就喜欢吃咸沙丁鱼干。咸沙丁鱼干并不好嚼，没有一颗假牙的土光津津有味地吃着咸沙丁鱼干的一幕，在电视画面中以近景的方式呈现。曾任东芝社长和经团联会长的土光居然一直过着如此朴素的生活，晚餐只有咸沙丁鱼干和凉菜，这令全国观众大为震惊和感动。据说，当晚节目还在播放时，NHK电视台便不断接到观众激动的来电。

介绍"沙丁土光"的NHK节目是经团联事务局的安

排，旨在争取国民对于行政改革理解支持的"信息战"的一环。虽说节目本身是 NHK 为了聚焦"临调最大难关"的时事热点的策划，但经团联事务局给 NHK 支了一招——去家里拜访土光，介绍他朴素的日常生活。

对此，土光一开始是拒绝的，因为他讨厌公私混同。对此，事务局劝说："如果研究讨论行政改革的尽是在高级饭庄觥筹交错的经济界和政界名流，便无法获得国民的理解和支持，而土光先生您与众不同的日常生活作风恰恰是激发国民共感共情的最有利的素材。"土光最终同意了事务局的做法，同时说"仅此一次，下不为例"。

该"信息战"大获成功。"沙丁土光"这一绰号深入人心，使他获得了国民的广泛支持，就连一向对民意嗅觉灵敏的田中角荣，也在看了 NHK 的特别节目后再次服气道："由他（土光）推行行政改革，谁都没法有异议。"此时，距田中设午宴招待土光已过去了一年。

田中的反应代表了一众政府机关干部和政治家的心态——NHK 的特别节目播出后，来自政府机关干部和政治家的对于行政改革的反对声音戛然而止。相应地，临调审议则急速推进。

至于国铁重建问题，主张"分割民营化"派最终占多数，促成了相关意见报告，把"设置强力的推进机构——国铁重建监理委员会"写入在内。7 月 30 日，土光终于将包含针对国铁改革在内的诸多行政改革问题解决方案之基本骨架的第三次意见报告书顺利提交给了铃木总理。

在之后的记者招待会上，土光吐露了对国民的期待："希望国民关注行政改革，且不仅限于主张自身利益得失，而是树立自立自助之精神。"当时，民间其实有不少反对行政改革的声音，大量"反对行政改革"的明信片寄到土光家中。因此他在记者招待会上的上述发言，可以视为对民众的一种"请愿"。而他同意 NHK 电视台进家拍摄，或许也是出于类似目的——通过向国民展示自己的作风和姿态，为行政改革减轻阻力。

行政改革的灵魂人物

前面提到，总理铃木善幸对土光一句"稳重沉着"的评价，等于给土光就任临调会长拍了板。在完成并提交第三次意见报告书的前后，土光与其说是稳重沉着的坐镇领导，不如说是整个临调组织的"引擎"。正因如此，土光在 NHK 特别节目中的登场，使他成为行政改革的推进力。

其实在 NHK 特别节目播放之前，国民对于"土光临调"的期待度已呈上升趋势。究其原因，主要是土光"揭示主线"的理念以及凛然不懈的姿态，当然，也有一部分归功于向国民宣传行政改革的"土光声援团"。

这些声援团中最大的组织，便是前面提到的由本田宗一郎和井深大牵头的志愿者团体"行政改革推进全国论坛"。它从 1982 年持续活动至 1984 年，其间举办了各式旨在宣讲行政改革必要性的"启蒙集会"，总计 113 次。

"行政改革推进全国论坛"影响广泛，以该团体主办的行政改革推进国民大会为例，1982 年 6 月 25 日（距第三次意见报告截止日还有 1 个月左右），大会在东京九段会馆召开，大会的口号是"加油土光先生，国民挺你"！其发起人不仅有来自政界及经济界的人士，还包括妇女团体、青年团体、舆论界和学术界人士，总计超过 150 人。

当然，大会的核心牵头人还是本田和井深。日本二战后如此优秀的两位创业家和经营者代表如此全身心地支持"土光临调"，可见他俩对土光的信任。对此，本田曾说："我之所以答应牵头运作论坛，的确是因为对土光先生的忧国之情及行政改革理念产生了共鸣，但这并非全部理由。最打动我的，其实还是他毫无邪念、真诚正直的人品。哪怕在企业经营方面，他也绝非只顾得失、唯利是图之人。假如他只是个逐利之人，便不可能被请去担任临调会长。总之，若不是对他抱有信赖，我便不会参与该论坛的活动。"

至于井深，其对土光的评价更高。他甚至公开坦言："如果有人问我'在如今的日本，你最尊敬的人是谁'，我会毫不犹豫地回答'土光先生'。"在 1984 年出版的一本书中，他对土光有如此评价："很多事情，只要土光先生出面，许多人便会无条件地理解和接受。这是他人无法拥有的威望。纵观当今社会，到处充斥着'狐假虎威''层层镀金'的所谓的专家和人物，他与这些名不副实的货色不同。在土光先生这种具备厚重人格及真实声望的人物面前，谁都不得不自然而然地心服口服。"

当时有不少团体鼎力支持"行政改革推进全国论坛"，"日本青年会议所"便是其中之一。1982年7月24日（距第三次意见报告截止日还有6天），该团体召开"青年经济人会议"，土光从百忙之中抽出时间出席会议并讲话，令整个会场兴奋异常。面对将近3000名与会的年轻企业经营者，他苦口婆心地讲："行政改革并非一蹴而就之事……全体国民必须人人主动……而我也拼着一身老骨，努力践行。所以说，希望在座的各位也务必……未来的日本是属于各位年轻人的……切不可坐视日本误入歧途、国运崩亡。"土光讲话时，听众中不时有人发出啜泣之声。当他讲话完毕后，会场立即响起了雷鸣般的掌声和呼声。

说到"土光声援团"，其实在临调成员和事务局中也有大量土光的拥护者。就拿接手国铁改革任务的第4小组会的负责人加藤宽来说，他曾坦言，在土光担任经团联会长时，他对土光的直接印象是"追求利润的化身"，而在土光担任临调会长后，他对其变化感到吃惊："之前那个脸上写满贪欲的土光，此时却俗气全无，甚至显现佛相。所谓佛相，即他不仅面相慈爱，还兼具一种背负世间万苦以救苍生的坚强殊胜的法相。"

牛尾电机公司的社长牛尾治朗是日本青年会议所的原"会头"。当年，在他的牵线搭桥下，土光与青年会议所建立了关系，此外，他还是临调的专家委员之一，是科学世博会的年轻理事。基于这些机缘，他与土光相交甚久。对于担任临调专家委员之事，他曾吐露心境："（我接受该职）起初的理由，是源于'为国'的使命感。可现在，'不能给土光先生丢脸'的私情占了八成。"

事务局的工作人员亦有类似感受。他们在办公室走廊偶遇土光时，土光会主动予以关怀慰问："让你们辛苦了。"这令他们感激并感言："（土光）那摒弃私利私欲且一心忧国为国的姿态，让我们不知不觉中成了他的拥护者。他就是带领临调组织团结推进行政改革的主心骨。"

时任临调事务局总务科长重富吉之助更有惊人之语。当时因日渐体衰而愈发频繁使用轮椅的土光曾无奈地对他说："我有一些工作没有做到位，给你们添麻烦了，抱歉。"对此，重富回应："会长您年纪大了不要紧，只要健在就行。只要有您在，行政改革便能进行下去。"土光听到后，先是愣了一下，接着立马答："啊，重富君，你说得没错。我只要活着就行。"所以，说土光是"行政改革之象征"，真乃实至名归。

1982 年 10 月发生的大事件，使得已然成为行政改革领袖人物的土光的一举一动，愈发成为人们密切关注的焦点。该事件发生于第三次意见报告书提交后的两个半月——铃木善幸突然宣布辞去总理一职。当时，正值临调会议进行中，该消息以传真的形式突然传来。当初承诺"愿意为行政改革赌上政治生命"的铃木，最终因扛不住党内反对的压力，仅在临调成立的短短一年半后，便以辞去政府总理和党内总裁的方式，把担子卸得干干净净。

当时，不少人担心土光会为之大怒，进而辞任临调会长，毕竟他当初接受该职务的一大原因，是与铃木"男人与男人之间的约定"。可结果并未如此，土光虽然在会议上一直盯着传达铃木辞呈的传真看，但在会后的记者会上，他泰然出席，并对铃木辞职一事评述道："对日本而言，行政改革势在必行，且刻不容缓。我希望总理继任者不要制造行政改革的空窗期，而应以胜过铃木首相的热情持续推进行政改革。"

这番话恐怕是向当时继任呼声最高的中曾根的"隔空喊话"。中曾根也的确在次月的自民党总裁选举中胜出。在他被选为首相并着手组阁时，土光申请与他见面，于是，二人在国会内进行了 12 分钟的交谈。纵观日本战后的政坛历史和惯例，获得任命后的新总理大臣在组阁前的事务极为繁忙，没有时间也不会和与组阁无关的人会面，而中曾根此举可谓异例。在 12 分钟的交谈中，土光成功地获得了中曾根的表态和承诺："临调的总负责人是我。我会在初次内阁会议上发出指示，让全体内阁一致推动行政改革。"

无论是在记者会上的反应，还是和中曾根的会谈，土光想必都是在深知媒体会大肆报道的前提下，特意采取了这些行动。此外，能"逼"中曾根作出如此表态，亦可见土光敏夫的分量。可以说，土光的领导能力和领袖魅力，已然成为临调全体的原动力。

为行政改革减寿

　　土光如此重磅的存在感和他对行政改革抱有的巨大责任感，给他带来了莫大的压力。在接受某家报社的采访时，他也吐露了疲态："（现在）不管做什么，脑子里挥之不去的都是与临调相关的种种。这（差事）真不适合老年人干呐。哪天我的任务真的都完成了，我要像芭蕉（此处指松尾芭蕉（1644—1694），他把俳句形式推向顶峰，被誉为日本"俳圣"。——译者注）一样，来一趟漫无目的的旅行。这是最理想的。"

　　当时在经团联担任土光秘书的并河信乃经常看到土光满眼充血，听他说晚上睡不着觉。土光的次子哲夫也曾目睹土光深夜在家中自斟自饮白兰地。要知道，土光都是在10点左右就寝的。可见在担任临调会长那段时期，土光的压力有多大。1982年9月，即第三次意见报告书提交的两个月后，土光已是86岁高龄的老人。

　　对土光而言，出席所有的临调会议（在其任职临调和行政改革推进审议会的5年间，由土光主持的正式会议共计313场），详细审阅大半数资料，身体的负荷无疑是巨大的。再加上临调会长配有警卫保护，导致土光难以像之前那样保持晨间散步的习惯。而其周末的另一个习惯——拾掇自家院子的菜地，也因临调事务而无法持续。换言之，由于繁忙的事务及诸多会议，土光活动的时间变少，久坐的时间变多。

于是，从腰腿不便开始，土光的身体状况每况愈下。1982年12月，他因血压骤升住进了东芝医院。由此看来，为了推进行政改革，他似乎在消耗自己的寿命。

当时，临调已进入最后的难关，为了按时完成预定于1983年3月提交的最终意见报告书（第五次意见报告书），从1983年1月下旬起，土光便以平均每周3次的频率频繁地召开临调全体会议。1983年1月，各小组会便起草完毕各自所负责的意见报告。1983年2月，关于"今后的行政改革的推进体制"的第四次意见报告书提交。最后剩下的，就只有归纳整理各小组会的意见报告后生成第五次（最终）意见报告书了。

土光最终渡过了难关。虽有各种不得不妥协之处，但在1983年3月14日召开的第121次临调全体会议上，第五次意见报告书最终通过。土光立即将其提交给了中曾根总理。

在之后发表的临调会长谈话中，土光又一次强调了国民应发挥的作用："政府决心推进行政改革可谓理所当然，但国民不能事不关己。而应在关注监督意见报告落实情况的同时，抛弃对政府的依赖心态，以自主自立之精神，理解行政改革的初衷，协助行政改革的推进。"

对于最终意见报告书的内容，当时的媒体却批评其为"官僚压力之下的妥协产物"。但在土光和临调干部看来，在短短两年间能孕育出这样的意见报告，已是壮举了。此外，土光并不认为仅靠政府包办就能完成行政改革。上述媒体的批评，愈发让他认识到"国民运动"对于推进行政改革的重要性。

正因如此，土光并未拒绝临调后阶段的新职务。最终意见报告书提交后，临调转为名为"行政改革推进审议会"的新组织，土光在中曾根的恳求下担任组织的会长。该组织从临调完结的4个月后（1983年7月）一直运作至1986年6月。

但毕竟年纪不饶人，此时的土光已体力不支，无法像临调时那样充满活力地开展活动，不过审议会本身似乎也没有临调那般活跃。即便如此，在秉承现场主义的土光看来，行政改革的真正现场在国民的心中，因此他依然坚持对国民发声。

比如，在土光担任行政改革推进审议会会长前后及期间，与他相关的图书相继出版，这便是他上述理念的体现。

在那之前，土光一直不愿如此曝光自己，但为了宣传行政改革的精神，他的态度转变了，于是，有关他的图书一本接一本地出版。

就拿1984年9月出版的《日日新，我之心语》来说，土光在其中有如下阐述："所谓行政改革的目标，无疑是'不通过增税而实现财政重建'，但同时也有'重新审视日本人心灵'的精神层面意义。若国民个体的思想不转变，削减年度支出之类的大刀阔斧的举措则无法实施到位。若忽视精神要素，一味执着于'技术论'，则会导致方向性错误。总之，（行政改革的目的）虽为重建财政，但若无法触及人心、深入人心，我觉得改革便难以做到名副其实。"由此可见，土光与当年身为企业经营者时并无二致，哪怕到了人生的夕阳阶段，依然不忘初心，重视意识改革。

该书出版发行的1984年9月15日，是土光担任行政改革推进审议会会长的第2个年头，也是他88岁的生日。收录了周围人对他的评述的《土光先生的启示》一书亦在同日出版。此外，土光曾连载于《日本经济新闻》上的《我的履历书》也在1983年2月编辑成书，该书将近1/4的内容都在讲行政改革。

所以，在行政改革推进审议会启动之前，土光便开始有意识地向社会大众发声。鉴于土光之前"竭力避免向公众表露自己的人生及经营"的性格，此举可谓其心态的巨大转变。

从另一方面来看，这或许也反映了土光对于行政改革推进审议会的工作和活动并不满意。再加上本田等人所发起的"行政改革推进全国论坛"已于 1984 年解散，考虑到仅靠政府的审议会作用有限，土光于是致力于自己出书发声，而他周围的人也记述了自己对行政改革的所思所想，并出版成书。当时的土光，对于这种以书传讯的方式想必寄予期待。

20 世纪 80 年代后半期，当整个日本正迈向泡沫经济期时，行政改革推进审议会于 1986 年 6 月 27 日宣布终结。在那前一天，土光以会长的身份发表了题为《致全体国民——关于行政改革之终结》的长篇讲话。在该讲话中，已近 90 岁高龄的土光回顾了从临调启动到行政改革推进审议会终结的 2000 多天，并以第一人称阐述了自身对行政改革的看法。个中言辞，犹如写给全体国民的遗言一般。此处摘录该讲话内容如下：

政府、国会以及地方性公共团体一直都全力参与行政改革，并在医疗、养老金以及电信电话等方面取得了瞩目的改革成果。但与此同时，在以国铁改革为代表的针对中央及地方行政机构肥大化的职能审视和限制放宽等方面，依然残留着诸多问题……

纵观政府及体制内，倦于行政改革、疲于年度支出压缩的心态，再加上调整国际收支失衡状况及重视扩大内需等因素，使得要求"对行政改革路线进行转向"的呼声亦变得不可忽视……可倘若在此时放弃行政及财政改革，之前的所有努力就会付之东流……好不容易闪现的一丝光明和希望也会消逝。对此，我着实担忧不已……

行政改革的成败，首先取决于广大国民的支持和热情。为了创造更好的明天，我衷心希望各位国民在严格监督政府、国会以及地方性公共团体对改革的执行力度的同时，能够忍受一时的阵痛，从而最终成就行政改革这一国家大事。

就这样，"土光临调"落下了帷幕。至于国铁的分割民营化，之后也得以持续推进，但从整体来看，土光所担忧的"倦于行政改革"的风潮在某种程度上也的确成真了。话虽如此，若回头想象一下，假如日本在20世纪80年代没有"土光临调"，便可知土光所做的贡献，是完全应该被肯定的。甚至可以说，整个日本，都应该深深感谢土光这位为行政改革减寿的国民领袖。

第 6 章 母亲的教诲

于天皇前落泪

上一章结尾处说到整个日本都应该感谢土光，而该谢意的象征性体现，则要数日本政府于 1986 年 11 月对土光授予的勋一等旭日桐花大绶章。那是他辞任行政改革推进审议会会长的 5 个月后。

在日本当时的荣誉勋章体系中，此勋章位居第二，仅次于大勋位菊花大绶章。按照惯例，大勋位只授予担任过总理大臣的人，且在去世后才授予。作为民间人士，勋一等旭日桐花大绶章已是最高荣誉。不仅如此，在土光之前，该大绶章从未授予过尚且健在之人，正是土光开了先例。在土光之后，同样于在世时获得该荣誉勋章的人，则是松下幸之助，且是在土光被授勋的第二年。可见这份荣誉的分量，也可见政府对土光的感激。

从另一方面也可以认为，这或许是当年"硬拉"土光担任行政改革领袖的"始作俑者"——中曾根康弘最大程度的敬意和谢意。

该勋章的授勋仪式在天皇皇宫举行。按照规定，在授勋时，站在天皇身边并将勋章递给天皇的"侍者"角色是总理大臣，因此在土光的授勋仪式上，充当该角色的便是时任总理中曾根。这是中曾根政府决定并由中曾根总理大臣作为天皇授勋之侍者的民间最高级别荣誉勋章。想必此情此景也令中曾根感慨万千，毕竟距离当年他以行政管理厅长官的身份说服土光担任临调会长，已经过去了五年半。

授勋当天（11月5日），土光坐着轮椅前往天皇皇宫。大约一个月前，土光起身从轮椅上下来时不慎跌倒，头部撞到了床角，在东芝医院接受了紧急手术。为了行政改革，土光的身体已虚弱至此。

授勋仪式在皇宫正殿的"松之间"大厅举行。仪式开始后，皇宫内务部官员推着坐着轮椅的土光来到天皇面前。当天皇授勋时，土光尝试着从轮椅上站起来，可身体不听使唤。于是，天皇走到土光面前，将勋章递到了坐在轮椅上的土光手里。土光双手捧着勋章，垂着头一动不动，一直保持着这个姿势。

对此，在该授勋仪式结束一年零十个月后的土光葬礼上，致悼词的中曾根说："（当时）土光先生保持这个姿势将近一分钟，我担心他的身体是否有异样，于是一步步走近他，想看看情况。就在那时，他抬起了头，这让我悬着的心放下了。天皇陛下似乎也如释重负。回想起来，那想必是他因感激至极无法忍住泪水而作出的举动吧。"

土光如此落泪于天皇前。至于落泪的理由，应该不只是感到自己为了行政改革付出的劳苦终得回报。土光生于明治时代，而亲自给他授勋的昭和天皇，其在位时间涵盖了土光绝大部分的人生轨迹。从他拼命努力研发涡轮机的战前时代，到石播力争成为世界第一造船企业的经济高度成长时代，以及石油危机后的混乱时代，昭和天皇都一直是日本的国君（或者说象征）。这样的天皇，亲手将民间最高级别的荣誉勋章授予自己，对生于明治时代的土光而言，哪怕再淡泊名誉，再朴素寡欲，想必也会将该殊荣视为对自己这一生的"总评价"，所以自然会万般感激。这是我对土光落泪的解读。

此外，土光的泪水或许还包含了对其母登美的追思。在获得自己将被授勋通知后的 11 月 3 日，土光在东芝医院发表了感言，而该感言的开头便引述了母亲的教诲。

个人朴素，社会富足

感言的开头如下："'个人朴素，社会富足'，这句母亲的教诲，我将其作为行政改革的基本精神，并付出了自己的绵薄之力。承蒙多数国民的理解和支持，我得以顺利完成使命。鉴于此，对于这次被授勋之荣誉，我想与各位国民同庆。"

能够将这份在人生最后阶段所获的特别荣誉总结为"得益于遵循母亲教诲"的人，究竟有多少呢？对于秉承母亲精神而为行政改革鞠躬尽瘁的土光而言，在战争中坚信"女子教育方为国之根本"从而创办橘学苑并为之"春蚕到死丝方尽"的母亲之教诲，自然是他想向公众传达的信息。从时代背景来看，土光的母亲登美可谓"异类"，是个彻头彻尾的理想主义者，但从做人的道义标准来看，她堪称模范榜样。

登美对土光的影响十分深远，是土光一生都在追随的榜样。她在世时略带"冲动无谋"的"为国之努力"，与土光在临调中的奋斗身影简直如出一辙。

在获勋感言发表的 4 年前，也就是 1982 年 1 月，土光在《日本经济新闻》上连载的《我的履历书》也接近尾声。在连载最终篇的结尾部分，土光亦引用了母亲的教诲："40 年前，我母亲秉持着'个人朴素，社会富足'的理念，创办了女子学校。如今回想起来，这也是当下行政改革的基本精神。要想改革成功，大家就必须暂时'生活朴素'，唯有如此，才会切实迎来'社会富足'。行政改革是一场旷日持久的马拉松。已过 85 岁的我，恐怕无法见证其最终的成果，我所能做的，是指明方向。尼采说过，'伟大意味着指出方向'。这句话激励着我埋头奋进前行。"在写上述文章时，真正激励土光的恐怕不仅仅是尼采的名言，应该还包括母亲的精神遗产。换言之，是母亲生前的姿态，促使土光坚持实现"行政改革"这一宏大而遥远的理想。

不仅如此，母亲登美的精神遗产还以物化的形式存在于土光身边，那便是位于鹤见狮子谷的橘学苑。该建筑物本身就是母亲的姿态和精神之象征，对土光而言，学苑正门内的石碑上所刻的登美名言，"行正义者当自强"，或许亦是母亲的音容遗存。

橘学苑是母亲登美以 70 多岁的高龄在一穷二白的情况下用两年时间创办的，饱含了她超人般的努力。这份厚重的努力，最终成为留给土光的精神遗产。而这份遗产，后来成了激励土光推进行政改革的原动力。

捐助

　　土光把维系橘学苑视为回应母亲心愿的义务。在母亲死后，土光接任了橘学苑的理事长之职，在一段时间内还兼任校长。不仅如此，为了维持橘学苑日常运作所需的开支，他一直坚持进行巨额捐助。无论是在终战前后的社会动荡期，在日本经济的高度成长期，还是在石油危机后的经济不稳期，也不管是在担任石川岛芝浦涡轮机公司社长时，在担任石川岛播磨重工业社长时，还是后来相继担任东芝社长、经团联会长和临调会长时，他都在履行其重大的职位责任和社会责任的同时，持续不断地对橘学苑进行经济援助。

　　土光捐助橘学苑的金额，可不是普通的数目。扣除所得税和地税后的所有实际收入，他几乎都捐给了橘学苑。这也清楚地解释了他生活清贫的原因。

　　按照时任朝日新闻记者的志村嘉一郎的估算，1982年，鹤见税务署公示的土光的年收入为5100万日元左右，而同年土光捐献橘学苑的金额为3500万日元。虽然慈善捐款可以享受免税优待，但其上限为年收入的 25%，因此，即便算上免税优待，土光最后给自己留下的税后收入也只有 100 万日元左右。

鉴于此，土光口中的"（自己）每月生活费 5 万日元就够了"，其实反过来说，也是因为他只有这点钱能花。要知道，1982 年的土光不但是临调会长，还兼任东芝和石播的顾问，其税前年收入总计超过 5000 万日元。但考虑到他对橘学苑几十年如一日的慷慨捐助，他也的确需要这般高收入才行。

至于东芝和石播方面，想必也知晓土光对橘学苑的捐助之举，因此才长期保持土光在公司里的董事及顾问之职。比如在土光就任东芝社长后，石播依然让其兼任其会长，在就任东芝会长后，石播依然让其兼任董事顾问。

在土光执掌石播时作为其左膀右臂而发挥重要作用的真藤恒，便是熟知相关内情的人之一。在土光退任石播社长以及石播会长时，把相应退职金交给土光的，都是真藤。对此，真藤回忆道："在去见土光先生的路上，我就料到这笔钱肯定又会捐到橘学苑那里。果不其然，在收下退职金后，他立马当着我的面开了张支票，汇款对象就是橘学苑。"

但除了真藤等在公司内与土光关系亲近的人，土光几乎不向外界透露自己的捐助之举，这导致绝大多数人都对

"沙丁土光"的清贫生活一无所知。比如，在土光担任经团联会长后的两年多内，经团联事务局就一直不知此事，后来由于机缘巧合才得知。至于其缘由，则要从时任事务总负责人花村仁八郎的"大发现"说起。

花村当时兼任科学振兴财团的理事。在一次理事会上，相关经办人向他提交了一份前一年度私立学校大额捐助者的名单资料。花村就是在这份资料中看到了土光的名字。按照志村当时的估算，其捐款额度之大，几乎是土光一年实际收入的全部。

会议完毕回到经团联后，对此感到震惊的花村将此事告知了事务局的元老们。鉴于土光并未公开此事的态度，他们经过一番讨论后也决定不向媒体透露。对此，在经团联任土光秘书的居林次雄感言："打那之后，大家都对土光先生由衷尊敬。毕竟这个圈子尽是些嘴上冠冕堂皇、背后鬼鬼祟祟的商人……因此像土光先生这般与众不同的清廉人物，当然会受到尊敬了。"

可见，土光之所以能获得经团联事务局的尊敬和支持，除了他身为会长那充满魄力、雷厉风行的处事方式外，其凛然的姿态亦是主因之一。

除了巨额捐款外，土光还在其他方面为橘学苑贡献终生。比如，自担任石播社长以来，土光不但是橘学苑的理事长，甚至还一度兼任校长，直至临调即将提交最终意见报告书的 1983 年 3 月，土光依然担任着橘学苑的校长。

3月正值橘学苑的毕业季，照例要举办毕业典礼。按照日本学校惯例，毕业典礼一般于周六举行。但由于当天要开一整天的临调会议，之前每年出席毕业典礼的土光不得不缺席。可毕业学生及其父母强烈希望从土光校长那里接过毕业证书，在他们的一致要求下，那一年的毕业典礼史无前例地移到了第二天。而土光也将临调会议的相关日程调整到了那个周日的前后，硬是挤出时间出席了毕业典礼。对那一届的毕业生及其父母而言，想必那是日本第一美好和难忘的毕业典礼。

贤内助

通过橘学苑这一精神遗产的"实体承载物",母亲登美指引了儿子土光的一生。而在土光的人生中,还有另一位一直支持着他的女性,那就是他的妻子直子。

这对长年相濡以沫的夫妇的生活状态,在 NHK 播出的"沙丁土光"特别节目中亦有集中展现。当时,摄制组拍到的土光家那晚的晚餐是由自家院子种的卷心菜和萝卜叶制成的凉菜,以及咸沙丁鱼干和糙米饭。现将夫妇二人在用餐时稀松平常的对话介绍如下:

直子:"糙米怎么样,吃起来有点软吧?"

土光:"没关系,反正还有咸沙丁鱼干。"

直子:"烤好的没有了哦。蔬菜还有点,我这里还有剩,给你。"

直子是个甘于奉献、体贴他人的温良女性。哪怕在摄制组的镜头前,她也自然地把自己还没吃的菜省给丈夫。此外,她在上述对话中还谈及了"把卷心菜的外皮洗干净后摘下来。把萝卜叶用水焯一下后捞出以保持其鲜度。然后把它们放入冰箱"之类的日常烹饪琐事，而这一切亦体现了二人的清贫生活。

若不是直子这般贤惠的妻子，恐怕就没法和土光过下去了。不管他的年收入有5000万日元还是1亿日元，最后自己每月能用的生活费都只有5万到10万日元，且家中连暖气和冷气都没有。对此，直子毫无怨言，一直与土光厮守。

其实早在新婚之时，直子便开始为家庭付出。二人新婚后不久，土光的母亲便带着女儿从冈山进京，在小两口的新居中住了下来。根据当时与直子熟悉的知情人所言，直子简直就是伺候登美这位大夫人的丫鬟。此话并非说直子受到了婆婆的虐待，而是体现了直子的细声细气、恭顺孝敬。当然，对于性格刚烈的登美，"细声细气"自然不是形容她的合适用词。

既服侍这样的婆婆，又操持土光的生活起居，还要把5个孩子拉扯大，直子可谓日本传统意义上贤妻良母的典型。

而土光有时却对妻子缺乏体恤。在土光执掌东芝时任其下属（后来当上东芝社长）的岩田弐夫，便是类似情况的目击者之一。

土光夫妇那时正参加一对新人的婚宴。婚宴一结束，土光便快步离开，坐进了在酒店大门口上下车处等待的轿车里，也不管直子来不来得及赶过来，就直接对司机说"开车"。看到身材娇小的直子从酒店大厅那里一路拼命小跑着赶了过来，土光对她大声怒吼道："动作快点！"接着对司机命令道："别管那磨磨蹭蹭的家伙，开车！"幸好直子还是赶上了。当然，这肯定是司机争取了时间。

这一幕虽然可能是老夫老妻之间的日常，但见状的岩田不禁感言："假如我有女儿，才不肯让她嫁给这种男人！"

"土光先生的夫人真是称职的好妻子。"这是周围人对直子的一致评价。或许在旁人眼中，土光是个欠体贴的丈夫，但上述场景中展现的夫妇日常，大概也是直子与土光在长年的共同生活中建立的纽带的体现。

直子一直保持着低调。她不爱出风头，并极力避免被媒体报道。哪怕在土光被授予民间最高级别荣誉勋章勋一等旭日桐花大绶章时，她起初也不愿出席授勋仪式。土光也说自己一个人去就行。最后是在周围人的劝说下，夫妇二人才一同前往皇宫参加授勋仪式。

在授勋完毕后的回家途中，土光顺便带着直子去东芝总部看了看。那是直子这辈子第一次走入东芝总部，走进位于38层的属于土光的顾问办公室。东芝总部位于芝浦，从总部所在大楼放眼望去，便能够看到土光当年毕业后迈入社会的起点——石川岛造船所曾经的总部所在地佃岛。

当时，夫妇俩一起朝着佃岛的方向望了许久。

"我老婆应该得一枚勋章。"有人曾听到土光不经意说过这句话。那是土光在观看那集 NHK 特别节目时说的，当时他以为旁边没人听见。这应该是他的真情流露。在授勋仪式结束后顺道带直子去自己的办公室看看时，想必他的心中也有同样的情感涌现。

泡沫经济繁荣期的"国葬"

1988 年 8 月 4 日清晨 4 时 8 分，在授勋结束的 1 年零 9 个月后，住在东芝医院的土光在家人的陪伴之下永眠，享年 91 岁。

土光的遗体于上午 8 点被暂时送回其生前位于鹤见的住处，然后被送到池上本门寺。他的遗体临时摆放在鹤见住处时，当时正好在橘学苑住校集训的大约 80 名运动社团的学生前来瞻仰和送别。

8 月 10 日，土光的非公开葬礼就在本门寺中举行。明明是非公开葬礼，却有将近 5000 人前来悼念，其中有 800 人是橘学苑的学生。当时，葬礼足足花了 3 小时才让所有悼念者上完香，可谓规模破格的非公开葬礼。

至于正式的公开葬礼，其规模几乎是非公开葬礼的 3 倍。1988 年 9 月 7 日（假如土光还在世，那天距离土光 92 岁生日正好还有 8 天），经团联、东芝、石播共同在离皇宫不远处的北之丸（地名）的日本武道馆为土光举办了公开葬礼。出席葬礼者多达 1800 人，参加遗体告别仪式者将近

12000 人。当时，无法入馆参加葬礼的人站在武道馆外自发围成了一个巨大的圈，民间将该葬礼称为"日本战后最大规模的葬礼"。

在葬礼上致悼词的有 3 人，他们分别是代表葬礼举办方的经团联会长齐藤英四郎、代表日本政府的内阁总理大臣竹下登，以及代表土光生前友人的中曾根康弘（前总理）。这般阵容，可谓"国葬"。

值得一提的是，当时执政的竹下内阁已向国会提交了《消费税法案》，但要在 12 月才能在国会通过。对于把"在不增税的前提下重建财政"视作大目标而为行政改革鞠躬尽瘁的土光而言，无法看到这一幕或许有些遗憾，但换种角度，这或许也是一种对他在天之灵的告慰吧。当时正值日本的泡沫经济繁荣期，从 1987 年开始的这波泡沫繁荣，最终于 1991 年破灭。土光没能目睹这一幕或许也是一种幸福，毕竟对生活清贫的土光而言，经济泡沫应该是他最为厌恶的。

此外，整个昭和时代，亦可谓随着土光的撒手人寰而宣告终结。1989 年 1 月 7 日，在土光去世的 5 个月后，昭和天皇驾崩。1989 年 4 月 27 日，又一名昭和时代的知名企业家松下幸之助离开人世。如此看来，在昭和天皇逝世前后 1 年不到的时间内，生前被授予民间最高级别荣誉勋章——勋一等旭日桐花大绶章的两位知名企业经营者相继去世。

第 7 章　基层的高人

两个"为什么"

土光激荡的人生，缘于其从未想过的三大难题。

第一大难题，是他从石川岛芝浦涡轮机公司社长被提拔为总公司（石川岛重工业）的社长，重建石川岛；第二大难题，是担任东芝社长，重建东芝这家名门大企业；第三大难题，是成为临调会长，负责出炉行政改革的基本草案（意见报告书），重建行政。可见，三大难题的主题都是"重建"。

前面也提到，基于重建对象组织的大小，这三大难题的规模逐个递增将近20倍。具体来说，石川岛总公司的员工数量为5000左右，东芝的员工数量为8万左右，而在行政改革中，国家公务员的总人数为90万，若再算上"三公社"和"五现业"（日本当时有国家参与的行业，即邮政储蓄业、林业、国债证券印刷业、造币业、酒精饮料贩卖业。——译者注）的员工，总人数则超过150万。可见，在所涉及的人数方面，后一个难题大约是前一个难题的近20倍。

不得不接手上述难题的土光，每次皆担任相关组织的最高责任人，其责任重担也随着组织规模的增幅而加大。对于不断加码的重担，土光皆尽心竭力，鞠躬尽责。

说到前两个难题与第三个难题的巨大差异，则是前两个难题不仅限于制订重建方案，还包括实现重建事业；而最后一个难题——行政改革，则只需要制定出炉意见报告书。至于行政改革的实施，由于需要全体政府组织进行旷日持久的阶段性推进，因此基本属于各行政机关的职责范畴，临调是无法对此负责到底的。

但正如本书第5章所述，即便是制订行政改革意见报告书，由于牵涉全体政府组织各个方面的利害关系，因此亦是一场费时费力的"持久战"。不仅如此，基于实现行政改革的目的，土光在思考后认为实现这一目的少不了国民的支持，还向广大国民发声。从这个意义层面来看，土光其实也涉足了部分与行政改革实现过程相关的工作。鉴于此，他以临调会长的身份着手重建国家的行政改革活动，是三大难题中难度最高的一个。面对总人数超过150万，且涵盖国防、教育、铁路等领域以及所有的行政单位和机关的庞大组织，哪怕只是制订改革的基本草案，也是牵一发而动全身，因此在我看来，达成相关共识要比实际的重建行动更难。

这三大难题皆非土光自愿接手的，就像他后来所说的："在经济界摸爬滚打60余载，没有一件事是我自己一开始就希望去做的。"即使接受这些难题皆非出自他的本意，但他依然全力以赴，功勋卓著。面对规模递增的重任，他尽职尽责，于困境中奋勇向前。这可谓对土光"经营者人生"的第一方面之总括。

至于第二方面之总括，则是"两胜一平"。面对接踵而至且逐渐加码的任务，土光是否不负众望地出色完成了？对于这点，如果用胜负来论，我认为可谓"两胜一平"。在重建石川岛和制订行政改革意见报告书方面，可以认为土光取得了巨大成功，即"两胜"。至于"重建东芝"这个难题，鉴于其开局和中场的优势以及终盘的劣势，这项重建难以称得上完全成功，因此我评价其为"平局"。

对土光的"经营者人生"进行总括后，自然便产生了两个"为什么"的疑问：一是为什么土光能不断完成如此艰巨的使命？即便并非完美，但至少没有败绩，且两次取胜，甚至最终被尊为"行政改革的领袖人物"，成了日本国民眼中的英雄。二是为什么"两胜"之间夹杂了"一平"？具体来说，土光明明在执掌石川岛和临调时都获得了成功，为什么偏偏在执掌东芝时只取得了平局的"战绩"。且他在开局阶段取得"开门红"后，为什么之后未能保持如此战绩，进而以平局收场呢？

在本章，我会分析思考上述两个"为什么"，并得出自己的"土光敏夫论"，也算是为本书的内容作结。

基层的高人

下述内容的关键词，也是我眼中土光身为经营者的显著特质，我认为可归纳为"基层的高人""凛然的姿态"。

为什么"两胜"之间夹杂了"一平"？我觉得可总结为"经营风格"和"大欲"。在我看来，土光的这两点特征，在东芝是造成平局结果的瓶颈，而在其最后的胜利（临调）中，则是成就他成为领袖人物的主要原因。

这里就先从土光作为企业经营者的最显著特质——"基层的高人"入手，来阐释我的"土光敏夫论"。此处大可将"基层的高人"理解为热爱基层，重视基层，着力于提升基层的热情和积极性，擅于带动基层员工。对于土光的这一特质和特长，许多熟知他的人都有类似的看法。

比如土光之后任东芝社长的岩田弐夫曾说道："土光时刻将企业经营的视点置于组织底部，即自下而上，而非自上而下，是切切实实的'现场第一义者'。"

对土光而言，基层和现场的首要代表是工厂。从还是"人肉涡轮机"的时候起，他就对工厂车间无比热爱。最早撰文土光评传的榊原博行将其著作中描写土光执掌石播和东芝时期的那一章的标题定为"日本第一工厂负责人"。可见，榊原亦认为此乃土光的最大特质。

而在土光执掌东芝时长期担任其秘书的伊东一彦在被问到如何用一句话评价土光先生时，他的回答是"精神矍铄的工厂负责人"，他还补充道："一到工厂，（土光）就心情大好。"

土光后来回忆自己刚就任东芝社长就立即开展全国工厂巡回视察活动时，也曾亲口说道："（当年）我频繁视察工厂。据说在我上任前，东芝社长亲临工厂是十分稀罕的事。我这人一直喜好捣鼓机器，也熟悉不少制程。（经营者）若不知晓工厂的现状，便无法充分把握企业的真实情况……经常有人说，美国的企业经营者多为哈佛商学院之类的精英名校出身，脑子聪明，但只知在数字报表上做文章，对基层现场却一无所知。在我看来，如今不少企业经营力低下，其症结或许便在此。不是我自夸，只要一踏入工厂车间，仅凭听声音，我就能知道有没有机械出故障。"

土光很重视基层员工。视察工厂时，他常常径直去工会办公室露脸，然后让工会干部和工厂干部一起带他视察工厂。这种情况在本书第 4 章也有描述——当时刚走马上任的土光亲自拎着酒瓶前往东芝工会总部，还同那里的干部们打招呼："我是新来的，请多多关照。"他如此重视基层组织的工会的态度和作风，搞得那群干部甚是惶恐。

基层的高人，亦是当面沟通的高人。正如本书第3章所述，在石播合并之际，真藤恒与土光初次见面后，便已成了土光的拥护者。通过面对面的"直接对话法"牢牢抓住基层的人心，这可谓土光这位"基层的高人"的看家本领。

体察对方情绪，真诚以待，重视人际关系，这便是"当面沟通的高人"土光。他自己也曾吐露："这个社会是人类社会，没有人能够完全不靠他人的支持和帮助过日子，大家都是相互支撑，彼此之间存在着各种关系。由此可见，这个世上最重要的是人际关系。公司里的经营者和员工之间如此，每个人和左邻右舍之间亦是如此。"

"直接对话法经营"的震撼之处

至于土光如何在工厂具体展现其"当面沟通的高人"的魅力，与土光相交甚久的记者志村嘉一郎曾有介绍。当时，土光乘坐夜班列车去视察位于姬路的东芝工厂，次日视察完毕后，他又要急匆匆地于当天返回东京。下面这段插曲，发生在他离厂前。

志村叙述道："（当时）工厂大院里，齐聚的女工正在听土光发表讲话，突然天公不作美，下起了小雨。女工们纷纷撑起了伞，可土光却没有，而是冒着雨讲述东芝的现状以及关于人和人的潜能等道理……渐渐地，原本站在远处听土光讲话的女工们收起伞，走到他的近处。或许是被冒雨讲话的老社长的言行感动，不知从何时起，听众中已无人打伞，甚至还有女工的眼眶中闪着泪光。讲话结束后，浑身湿透的土光坐进了汽车，同样浑身淋湿的女工们围在汽车旁，一边拍打着车窗，一边大声喊：'社长，您别感冒了！''您要保重身体！''请您加油！''我们也会努力的！'"

向基层发声的"直接对话法"能够创造转变基层意识

的契机，因此土光十分重视。在他看来，员工的意识转变是重建经营的起点和基础。对此，在土光执掌东芝时期任其下属的关晴雄的点评可谓到位：土光负责临调时的措施也好，负责东芝时的尝试也罢，本质都是一场"意识革命"。

但"直接接触"及"直接对话法"存在局限性，因为能够亲身感受到土光直接关怀的对象范围和人数始终有限。鉴于此，为了扩大"直接对话法"的受众范围，土光便着手创造了各种组织内的沟通工具和机会，比如公司内部期刊和管理人员的全体集合大会等。也正因为如此，土光的经营改革具有较为浓厚的优化组织内部沟通机制的色彩。

如此擅长"直接对话法"的土光，却不喜宴会，这样的反差十分耐人寻味。究其原因，恐怕是关乎想和谁进行直接对话法的个人喜好问题。他习惯并喜欢在满是油污和机械噪声的工厂车间中与基层员工展开"直接对话法"，但不习惯且不喜欢一边优雅地觥筹交错，一边与经济界人士展开"直接对话法"，由此可见，土光其实生性腼腆，不太喜欢也不擅长和自己无法抱有亲近感的人打交道。这也体现出他待人真诚。

土光喜欢工厂现场且一去工厂便心情大好的特点，其实亦证明了他一辈子都保持着作为"人肉涡轮机"的机械理工男性格。这或许也正是他成为"基层的高人"的原点。回想起来，从执掌石川岛到石播合并后，土光一直积极推进的战略多为建设新厂、拿下新厂等基于工厂现场的项目，比如成立 Ishibras，其本质是在巴西建厂；又比如与播磨造船所合并，其本质是拿下播磨的相生大工厂。

这般"基层的高人"，又是如何成为"重建的高人"的呢？最大的原因，应该是土光"直接对话法"强烈有力、令人信服，其带来的震撼激发了基层现场的意识改革。上述与姬路工厂女工之间的互动，便是其中之典型。

土光带来的震撼之所以强烈有力，在很大程度上缘于他自身的活力和能量。还以视察姬路工厂为例，坐夜班列车前往的精力，冒雨持续演讲的活力，正是这般巨大的能量才打动了在场的员工，从而造成了强烈的震撼。

至于令人信服这点，是因为土光通过"直接对话法"所讲述的内容具有合理性和说服力。还是以视察姬路工厂为例，他的讲话让基层员工心生亲近，再加上他对基层现场的熟悉，更让他的讲话娓娓道来，直击人心。唯有"基层的高人"方能做到这点。

凛然的姿态

如果说"基层的高人"是土光与基层员工面对面时的显著特质，那么他不与人面对面时的特质，便是凛然的姿态。

这里总结的"凛然的姿态"包含两层意思：一是土光笔挺的脊梁，不屈服于压力、坚持信念的态度；二是土光以自身姿态为媒介，向周围人传达讯息。具体来说，凛然的姿态即不因外界压力而折腰，不纠结自己的利益，言行一致，一以贯之，不负信任，允诺必行。这不仅体现在土光的言语中，还默默地体现在土光的姿态和行动中。

正是这种凛然的姿态，让许多人对土光心服口服。比如本书第5章提及的本田宗一郎同意担任行政改革推进全国论坛发起人一事，本田当时对此的感言，可谓代表了许多人的心声："我之所以答应牵头运作论坛，的确是因为对土光先生的忧国之情及行政改革理念产生了共鸣，但这并非全部理由。最打动我的，其实还是他毫无邪念、真诚正直的人品。"

石播后来的社长生方泰二也把土光的特征概括为"脊柱笔挺，目光炯炯"。曾任石播工会委员长的柳泽炼造也感言道："土光先生表里如一，我从未见过如此言出必行之人。"真藤恒也评价土光是"笔直前行之人"，他还说道："只要你认真努力地投入工作，他就会全力支持，绝不会出尔反尔或过河拆桥，因此下属们毫无后顾之忧。"

除了上述这些人，感受到土光具有凛然姿态的人不胜枚举——他乘坐夜班列车去视察的工厂的员工，发现他长年向橘学苑进行巨额捐款的经团联事务局人员，目睹电视中"沙丁土光"的朴素生活的观众，见证他对铃木总理及中曾根总理直言不讳的临调相关人士，在青年会议所研讨会上激情演讲后对其报以热烈掌声的青年会议所成员……

仅仅是本书介绍过的事例就如此之多，可见土光这种凛然的姿态特质鲜明，可谓罕见。

凛然姿态，引人共鸣

　　这种凛然的姿态自然会引起周围人的共鸣，这也是该特质助他成为"重建的高人"的原因之一。

　　当年参与"土光临调"的原运输事务次官秋山龙的评价颇具象征意义，他曾说道："不顾自身利益得失，以公正的视角判断事物。这样的土光先生，引起了周围人的共鸣，进而获得了周围人的支持和推崇。"

　　拥有了周围人的支持和推崇，自然就拥有了权威（并非权力），因此说话便有了分量，便能够让人信服。在进行重建活动时，只要重建利益冲突，不管制定何种重建路线和方针都会招致不满，这时，土光会以自己凛然的姿态，以自己默默的态度和行动来说服持异见者。比如本书第5章中引用的井深大的感言，便极具代表性："很多事情，只要土光先生出面，许多人便会无条件地理解和接受。这是他人无法拥有的威望。纵观当今社会，到处充斥着'狐假虎威''层层镀金'的所谓的专家和人物，但与这些名不副实的货色不同，在土光先生这种具备厚重人格及真实声望的人物面前，任谁都不得不自然而然地心服口服。"

井深口中的"厚重人格"，即我所指的"凛然的姿态"。但"凛然的姿态"并不单纯意味着土光是完美无缺、人见人爱的性格绝佳之人。在现实中，他对人也时常严厉。在执掌经团联时，有的成员在其手下工作时压力巨大，甚至在心理健康方面出了问题。有时由于不满意，他甚至直接朝下属扔文件，倘若在场的其他人要去捡，他还会向被扔的下属吼道："你自己捡起来！"岩田也说道，在土光当年执掌东芝时，有数名董事干部由于他的苛责怒吼而神经衰弱。

可就是这样的"怒号先生"，却有一众拥护者。这一方面得益于他凛然的姿态，另一方面或许缘于他作为"基层的高人"时而展现出的富有人情味儿的言谈举止。对此，生方泰二曾说道："（土光）那双曾让赫鲁晓夫都受到震慑的眼睛，有时又如慈祥的象眼一般。这种冷峻中有人情的特质，让人无法抵抗。"

土光是拥有凛然姿态的人，同时又是极擅长"直接对话法"的"基层的高人"，这样的组合似乎有特别的意义。有时，无言的"直接对话法"最具说服力。虽无言语，但姿态说明了一切。当这种沉默是金的无声传达与付诸言语的"直接对话法"相结合，便拥有了巨大的说服力。比如土光在临调中一反常态，不像之前那样雄辩不绝地主导会议，而是趋于静观，由此收获了一众信赖和信服，这可谓无言的"直接对话法"与凛然的姿态这种合力的典型体现。

土光语录20选

当然，土光并非始终无言，在企业经营方面，他留下了不少极富启示的语录。这些语录集中记载于土光执掌东芝时的企业内部期刊《东芝生活》以及面向公司管理层的内参期刊《管理者笔记》中名为"领导方针集"的栏目中。该栏目几乎期期都有，因此语录较多，此处精选20条能窥见其企业经营观本质以及与其基层的高人、凛然的姿态关系较深的语录。

1. 应给予组织以振荡。通过"质疑"来激发"反馈"，从而激活组织。

2. 活力=脑力×（意力+体力+速力）。

3. 应全面行使权限。权限尽其用，方是负责的体现。

4. 高层方针之所以难以彻底落实，原因在于组织中的"电离层"。要根除这种"电离层"。

5. 企业干部应具备极端思维。所谓的常识性思考是无法拓展经营的。

6. 唯有理清理顺琐碎问题，才能让企业经营取得进展。

7. 改善企业体质犹如逆水行舟，稍有松懈，便不进则退，直至趋于恶化。

8. 应深挖问题、直面问题，不要惧怕产生摩擦。哪怕头脑再聪明，倘若趋于回避问题和摩擦，组织也难以运作。

9. 知而不行，等于不知。行而无果，等于不行。

10. 与人沟通讨论就是真刀真枪的比画。若对方拥有问题意识，则短时即可谈妥，否则即便耗时再长也无法得出结论。

11. 决断时应不惧失败，重在及时。当断不断，可谓无可救药之失败。

12. 决策，最终可归结为勇气的问题。

13. 要思考施策的时机。就如春之樱花，源于冬之苞蕾。

14. 要着眼未来、拥抱未来。与我们已知的领域相比，未知的领域要广阔得多。

15. 打动顾客，最终还是要靠诚意。若能以诚相对，甚至能化不信为信任。

16. 若无追根究底事物之经验者，便无法从成功中获得自信。能力就是自信的高度和幅度。

17. 失败时须反省，但无需找借口。

18. 基层现场既有"沿街大道"，也有"背街小巷"。

企业干部应多去"背街小巷"走走。

19. 若火种够强，则连青草都能点燃。

20. 各位应成为兼具深度和广度知识的人。企业干部不要当"剃刀"，而要当"柴刀"，而且是锋利的柴刀。

上述语录字字珠玑。若再加以解说，便是多此一举，故而作罢。除了这些，土光还有一些与上述名言主旨类似的其他宝贵箴言，在此谨作介绍。

·各位应常怀"质疑"和"反馈"的意识，不管是对上司还是下属，皆应如此。

·盲目且不加判断地执行总公司或上级的指示，实为不负责任的表现。

·萧条时要完善和夯实企业组织体制，否则待经济好转时就无法乘风起飞。

·要以"60分及格主义"速断速决。

·樱花逢春不开，则是樱花之怠慢。当决时不决，则是人之怠慢。

·深挖井，需宽幅。高山岭，原野广。

"两胜一平"的背后

正如前述，土光经营重建的人生轨迹，可以用"两胜一平"来总结。

执掌石川岛期间，土光不但重建了企业，还进军巴西，并引进了各种技术，实施了多方位经营战略，将石川岛拉回正轨。不仅如此，他还促成了石川岛与播磨造船所的合并。这"第一胜"可谓精彩到位。

执掌东芝时，从通过意识改革拯救"重症病人"的层面来看，他还是取得了部分成功，但未能实现真正的经营改革。当然，他最初推行的意识改革非常有效，这一点从业绩上便可体现。可在他执掌东芝的末期，公司业绩再次滑坡。

至于行政改革或者说临调，则是重建国家的大业。哪怕仅仅是制定改革的基本草案，哪怕只是理清相关头绪，也已是莫大的难题，而土光竟不辱使命地完成了，而且他还成为临调的领袖人物和国民英雄。因为他，该临调也被人称为"土光临调"。虽然也有批评的声音——一些人认为，除了国铁的分割民营化，行政改革后来所显现的真正效果其实并不多，可相关问题出在之后的实行阶段，且政客们应负较大的责任。因此，土光作为临调的"经营者"，可谓又一次取得了胜利。这是他的"第二胜"。

回顾土光解决三大难题的过程，就会发现一个令人疑惑的地方。土光执掌东芝的末期，曾有"为何要我每年重复相同的话"的焦躁心声，可见他为了东芝劳心费神到何种程度。可就是如此苦战的土光，在后来负责行政改革时，却成了众人仰视的领袖人物，成了国民敬爱的英雄。其中的原因到底是什么？若不能清楚地理解这种反差性转变的实质，恐怕就无法真正抓住其作为经营者的本质。

当然，可把"两胜一平"的原因简单地解读为有无助跑的结果。重建石川岛之前，土光在石川岛芝浦涡轮机公司担任社长的经历，便是奠定成功基础的"助跑"。毕竟两家企业同根同源，且所涉产业领域——涡轮机和重工业皆属机械产业。在担任临调会长前，土光也有担任经团联会长的经验，这也是一种"助跑"。在打造国家制度基础这一巨大"工程"的方法和与政府机关及政客打交道的方式方面，担任经团联会长的经历都给土光后来担任临调会长打下了基础。

可在重建东芝方面，他之前担任石播社长的经历或许并不够用。在经营大企业方面，石播社长的经历的确起到

了一定的"助跑"作用，但东芝的企业体量是石播的 3
倍，涉及的业务领域也更广。机械工程师出身的土光对东
芝这家电子企业的熟悉程度并不够，这点从土光对大众消
费品市场缺乏了解可窥一二。

但是否有"助跑"并不是他"两胜一平"的全部原
因。在我看来，其深层原因有二，一是土光的经营风格，
二是土光的"大欲"。这两大要因不仅在思考土光的经营
轨迹时具有意义，而且在分析经营者的成功方面也具有普
遍性的重要意义。

先说经营风格。土光的经营风格以"直接对话法"为
核心，但在"间接对话法"方面应更为着力。直接和间接
这两种经营风格没有绝对的孰优孰劣，企业经营者必须根
据自身角色和经营状况，采取与之相符的经营风格（或者
将两种风格进行合理"混搭"）。

再说"大欲"。"大欲"是指打心底希望解决不期而至
的难题的巨大欲求，这并非单纯的物欲。生活清贫的土光
对于物质极其淡泊，所以说土光抱有的是"大欲"——想
"拯救"为难题而一筹莫展的基层现场员工，想为组织成
员做些什么。说得再广泛一点，他怀揣的是真心为他、利
他的愿望。我认为，要想成就大事，如此"大欲"不
可缺。

若将上述推论与土光"两胜一平"的经历相比对，就

知道在执掌石川岛和临调时，土光的"直接对话法经营"相当够用，因此他的经营如鱼得水。尤其在负责临调期间，其"直接对话法经营"的进化形态（可称之为"超直接对话法经营"）发挥了极致作用。

此外，对于石川岛和临调的难题，土光在接受任务后，的确是由衷发愿，以"大欲"迈进，旨在解决难题。可在执掌东芝时，其以"直接对话法"为核心的经营风格并未能在如此庞大的组织中发挥重大作用，因此他打心底想解决问题的"大欲"自然也遭到削弱。

鉴于此，"重建东芝"这一难题无论是在经营风格层面还是在"大欲"层面，都与土光的经营理念和方法不兼容，所以，土光在东芝陷入苦斗，并以"平局"战绩告终。

触及庞大组织的中层

前面数次提到，经营风格可分为"直接对话法经营"和"间接对话法经营"。所谓"直接对话法经营"，即领导直接对下属进行教育灌输的经营方式。教育灌输的手段可以是言语，也可以是行动。所谓"间接对话法经营"，即通过完善组织成员的工作环境和规则，使现场各岗位发挥企业所希望的理想作用。采用"间接对话法"的经营者本身并不亲自凭借言语或行动对下属采取直接的教育灌输，而是通过整备组织结构、完善经营管理制度等来间接地改变员工。

土光是以"直接对话法"为核心的经营者。与之相对，侧重于"间接对话法"的经营者典型，则要数松下幸之助。松下是日本构思并实施事业部制的第一人，且他重视管理会计机制，并在公司内彻底落实业绩管理。

土光是"基层的高人"。他擅长在与基层现场员工面对面的交流中，让他们认同、信服自己，从而成为自己的拥护者。对土光而言，基层现场并不局限于工厂车间，出席董事干部会议也好，参加总部会议也好，前去大客户公司拜访也好，凡是土光亲自露面、亲自沟通的场合，都是"基层现场"。而东芝的案例也证明了这点。之前与土光素未谋面的东芝董事干部和总部员工们在和他进行了面对面的交流后，大幅改变了自身的看法和行动。这也是土光执掌东芝初期获得总部员工和董事干部较大认可的主要原因。

在临调中亦是如此。对那些参加过各种临调相关会议和直接受过土光指导或呵斥的人而言，土光的影响力是巨大的。因此，土光流派的"直接对话法经营"正是让临调迈入正轨并激活相关会议讨论的重要因素。

当然，对于真正意义上的基层第一线（比如东芝的工厂和营业所，行政改革时的全体国民），土光也通过自身的言行为其带来了巨大的震撼和冲击。虽然土光与受众之间的物理距离有时并不近，可超越了物理距离的言行和姿态更能直击人心。

土光之所以能在"直接对话法经营"方面屡试不爽，主要依靠其凛然的姿态。他那"基层的高人"和凛然的姿态的特质，使"直接对话法经营"拥有了极大的说服力，典型案例便是"沙丁土光"特别节目的播出。这种以电视为媒介的"直接对话法"令田中角荣都不得不感叹："对于他（土光）说的话，谁都没法有异议。"

不仅在东芝和临调期间，土光在石川岛采取的"直接对话法经营"也发挥了重要作用。作为自己的"老东家",他在石川岛的基层现场有长期工作经验,因此土光流派的"直接对话法经营"也在此处根基较深。这种积累亦是这一经营风格在重建石川岛过程中发挥功效的原因之一。在石川岛与播磨造船所合并后,这种经营风格亦能持续发挥作用。

可东芝则不同,要想持续改革这种发展低迷且规模巨大的企业组织,就必须有效触及作为组织整体运作关键的中间层。土光的想法和理念能否有效传达到这一层,决定了庞大组织能否成功重建,以及相关重建成果能否保持。

先说回石川岛,由于土光曾长期待在基层现场,且不少中层干部之前都接受过土光的"直接对话法",因此他通过"直接对话法"所传达的信息能够清晰地被企业中间层接收。可东芝不同,首先,东芝的组织规模远大于石播,因此土光需要传达到位的中间层人数也远多于石播。其次,土光是以"空降"形式上任,对于他这位新社长,东芝的中间层之前几乎从未与其有过直接接触。最后,土光对于东芝主要从事的电机产业也不甚熟悉。鉴于此,土光在东芝实施"直接对话法"的内容核心,未必就与这家企业水土相服。由于上述三重原因,土光的"直接对话法"或许未能深入渗透至东芝这一巨大企业组织的中间层。

鉴于此,在重建石川岛时趋于次要的"间接对话法经营"，或许是在重建东芝时应该更为着力的部分。要想有效触及庞大组织的中间层，更多地着力于"间接对话法经营"可谓常规。

从这点进行分析，亦能解释土光在临调时获得成功的一大原因——临调的对象组织实在太过庞大，若以"带来冲击和震撼"为目的，则无论是"直接对话法"还是"间接对话法"，都难以取得乐观结果。关于这点，临调的相关人士应该也都清楚，因此土光在"间接对话法"方面的不足之处也就不那么显眼了。另一方面，土光凭借"直接对话法"给高层官员及政治家们带来的强烈冲击和震撼，则是十分巨大的。

此外，土光还擅长一种"特殊直接对话法"——绕过中间层，直接给基层现场带来冲击和震撼。这属于一种基于领袖魅力的"特殊直接对话法"。关于这点，后面还会详述。总之，土光流派的经营风格和其凛然的姿态，加上他的"大欲"，成就了他临调领袖人物的形象。而这或许正是引领临调取得成功的重要原因。

关于土光重"直接对话法"轻"间接对话法"的倾向，我认为其充沛的体力是深层原因之一。土光的身体条件允许他凭借体力和精力努力拓展"直接对话法"的受众范围。与之相对，松下幸之助身体多病，没有这般充沛的体力，在很长的一段年月，他的居所甚至就是松下医院的一间独立病房，因此，松下不得不较多地依靠"间接对话法"，这也自然使松下逐渐擅于"间接对话法经营"。

"超直接对话法" 和 "大欲" 造就了一代领袖人物

第二次临调被称为"土光临调"，正如其名，该临调的支点就是土光的领袖魅力。当土光因年老向临调事务局表达歉意时，其中的一名成员回应道，土光先生"年纪大了不要紧，只要健在就行"。这可谓土光领袖魅力的铁证。

早在东芝和石川岛时，土光就展现了他的领袖魅力。后来接手临调时，土光的领袖魅力又上到了一个全新的层次，甚至成为国民心中的英雄。为何他能升入如此境界？在我看来，这不是他的刻意为之，而是他在执掌临调时成为擅长"超直接对话法"的经营者。执掌临调时，土光依然侧重"直接对话法"，但内容得以进化，使其最终成为"超直接对话法"。之所以用"超"这一字眼，是因为土光凭借两大"无"超越了普通的"直接对话法"。

第一"无"即无言。明明是"直接对话法"，但土光的言语却在减少。执掌临调时，土光凭借无言姿态实施"直接对话法"的色彩愈发浓厚。就如本书第 5 章中提及的濑岛的证言——作为会议主导者的土光，却极少在会议上阐述意见或教育与会成员，而是全权交给下属去推进主持会议。当然，在某种程度上，这或许也归咎于他当时年岁已高。可他的沉默反而起到了更好的效果——无言加上凛然的姿态，使人们更愿意支持他、追随他。正如时任临调小组会负责人的加藤宽所言，土光与之前担任经团联会长时判若两人，甚至"显现佛相"。难怪他得到了众人的拥护。

第二"无"即无欲。他的无欲通过一言一行强烈感染了周围的人，因此井深才会说出"只要土光先生出面，许多人便会无条件地理解和接受"，认为土光具备"厚重人格"。与直接的说教相比，土光无言式的"直接对话法"反而更具冲击力，让人们愈发对其仰视。比如"沙丁土光"的电视节目，便是他这种凛然姿态的集中展现。

不仅如此，土光的"无欲"之妙还在于其有别于全然寡淡的无欲。常言道"大欲似无欲"，而我则认为，背后有大欲，方能达无欲之境界。所谓"大欲"，即真心为他、利他的欲望。在负责临调时，土光真心忧国忧民，打心底大声疾呼行政改革的重要性——不可让日本自毁国运前途。这或许是土光生来第一次心怀为公之"大欲"。当然，不执着私利私欲是他一辈子一以贯之的品质，但在我看来，他心怀公之"大欲"（似无欲般的大欲），则是从负责临调时才有的。

鉴于此，我认为正是"超直接对话法"成就了土光的领袖魅力。具体来说，"直接对话法"通过凛然的姿态而倍增说服力，再加上土光负责临调时形成的"大欲"，便形成了"超直接对话法经营"。换言之，当土光的经营风格加上"大欲"，便成就了土光这位国民领袖。

母亲的背影

　　土光成为国民心中的领袖人物，不是在东芝，也不是在经团联，而是在担任临调会长时期。这背后有其历史和现实原因。

　　重建东芝时，土光陷入苦战，原因之一便是过于依赖"直接对话法"。其后担任经团联会长期间，他或许也认识到了"间接对话法"的重要性。但问题在于，经团联会长平时打交道的对象多是政治家、官员、媒体等，他们皆为歪曲"间接对话法"的高手。想必土光也发现了这点，于是对他们彻底实施"直接对话法"，以求打动对方。不仅如此，在当时的情况下，越是"无言"越好。倘若多言，反而等于给对方送去了可以大加歪曲的素材。

　　至于大欲，土光一直希望做有意义的工作，但这种欲望并非大欲。以他执掌东芝时为例，虽然他有过"哪怕为了日本，也要重建该企业"之类的想法，但这究竟能否称为大欲，则尚存疑问。

　　作为家电销售额占总销售额五成的公司的社长，为何家中没有彩电，没有冷空调？在我看来，倘若将土光重建东芝的愿望真的升华至大欲之境界，那么作为公司的社长，应该在家里安装彩电和空调才对。岩田弌夫十分熟悉执掌东芝时的土光，据他回忆，土光当年答应接手重建东芝的任务，其实背后有一些原委："对土光先生而言，当时他自己似乎也十分想找点事情干。而恰巧石坂先生为他安排了重建东芝的大舞台。而且为了让土光先生顺利答应，石坂先生还利用自己'经济界总理'的地位和声望，做了几近完美的前期疏通和交涉工作。"

土光或许在"为了东芝"的层面未能有彻底的大欲，但在"为了国家"的层面，从执掌东芝时起，他想必已有了相当程度的思考。那时，大欲的"苗头"在各个方面已有所呈现，比如着力于核能、重视国防产业，以及参与解决能源问题等。他当时关心日本能源的未来，打算在自家也安一套太阳能热水器，由于房子结构过于老旧，安装后的成本完全不划算才作罢。通过这些事情，亦能窥见他的忧国之心。

但在我看来，土光真正拥有为国之"大欲"，是在当上行政改革负责人的瞬间，这也是他第一次拥有了与当年创办橘学苑的母亲境界相同的大欲。对于毕生不断追赶母亲脚步的土光而言，第一次能开展与母亲从事的性质相同的事业，想必是一种无上的幸福。

世间虽有"大欲似无欲"之言，却无"无欲似大欲"之说，由此可见，单纯的无欲是劣于大欲的。当然，此处的大欲绝非自身欲望，而是为世为公的利他之欲。也正因为如此，土光这种哪怕自己减寿也要为公奉献的大欲，才使他成为众人敬仰的无私之人。

而这般大欲，也成就了土光的"超直接对话法经营"，并将他推上了"临调领袖"之位。

第 8 章 苟日新，日日新

人之极致，世之翘楚

土光为什么最终能成为擅于"超直接对话法经营"的领袖人物呢？

该问题的答案似乎在土光的座右铭中。他的座右铭即本章的标题，出自中国"四书"之一的《大学》，也是商汤王刻在盘上的箴言，"苟日新，日日新，又日新"。这句话中有三个"新"字，强调每天都是新的一天。土光将其简化，缩略为"苟日新，日日新"。他喜欢将这句话写在美术纸笺上，并在自己的著作中这样解释："今天这一天，是开天辟地以来独一无二的一天，它公正平等，对众生一视同仁。我们既无法挽回昨天的时间，也无法使用明日的时间，因此关键在于如何用好今天的时间。"正是通过长年累月持续努力的积累，才使土光取得了"超直接对话法"经营者的成就。

此外，"日日新"也可解读为每天都是一场胜负。作家城山三郎就是如此解读的人。他曾与土光进行过两次对谈。本书序章中也介绍过他对土光的评价："押注每一刹那的魄力活法。如此持续 80 载，呈现在人们眼前的是一个世间稀有之翘楚。"换言之，土光的活法是将每个崭新的一天作为开始，从头努力，敢为一瞬赌上所有。在如此磨砺锤炼之下，他最终成为"人之极致，世之翘楚"。

话虽如此，土光的生活状态却是平凡朴素的"日日新"。与土光同年出生的宫泽贤治作有一首脍炙人口的名诗。在我看来，该诗的开头部分便道出了宫泽想成为一个正直地道的平凡之人的愿望。

不畏雨　不怕风

不惧酷暑与严冬

结实身骨无所欲

嗔念怒意皆灭却

心境平和展笑颜

一日三餐皆糙米

味噌野菜皆少许

世间诸事勿妄断

唯做细观与聆听

且谨牢记不曾忘

而这一切，不正是土光的活法和姿态吗？

时代需要土光

虽然无奈，但也不得不承认，土光生前对日本所作出的努力和奉献，并未在他去世后完全开花结果，但也不能由此定调土光的贡献不大。在我看来，较为恰当的表述或许应该是：虽然土光作出的贡献巨大，但结果并不完美。此外，当时的日本的确也迫切需要土光这样的人物。

尤其是土光先后担任经团联会长和临调会长时期，可谓的确受到了时代的召唤。比如在他执掌经团联时期担任事务总负责人的花村仁八郎曾坦言道："在我看来，是时代的动向和浪潮让土光先生登台⋯⋯当时问题堆积如山，唯有土光先生出马方能解决。"在1973年那个第一次石油危机后的经济混乱时代，社会大众及舆论普遍对经济界缺乏信任，而土光这样的人物，正是当时的经团联所需要的会长。

至于他后来担任临调会长，亦是时代的召唤。在1979年的第二次石油危机爆发后迅速走出阴霾的"优等生"日本，当时却趋于自满松懈，开始迈入泡沫经济的歧途。纵观当时的日本政局，政治改革的呼声日益高涨，逐渐成为一大政治导向。当时的日本急需土光这样的领袖人物，而那个时代也把土光推上了"国民英雄"的神坛。至于1982年在电视上亮相的"沙丁土光"，其实正是向时代敲响的警钟。而后来于1988年为土光举行的近乎国葬待遇的葬礼，如今回想起来，其亦隐喻和标志着日本送走了昭和时代，迈入了泡沫时代。

而在一众土光传记中，《气骨》的作者山冈淳一郎则对土光有独特的点评："打消国民内疚之情的人。"具体阐述如下："土光那种朴实刚健、勤俭节约的古风活法，终其一生都未变过……曾历经天灾、饥荒和战乱的日本人的国民性深处，始终存在着'浪费可惜'之情愫。而在变迁的时代中，土光就如不变的基石，带给日本人一种精神上的慰藉。他那种让人怀念、宛如父亲的特质，让许多人不自觉地受其吸引。当日本人纷纷趋于沉醉在'面包和马戏'中时，他们通过对土光的信赖和认同，打消自身的内疚之情。"

所谓"面包和马戏"，是指政府给予国民的生活保障和休闲娱乐，原本用于批判古罗马帝国的社会世相。而土光早在1975年便引用该说法来强调行政改革的必要性。对于政府给予的"面包和马戏"，日本国民自然没有抵抗力。但与此同时，他们又在心底留有一丝内疚。而土光的存在和行动，其实起到了打消这种内疚之情的作用。正因为这种情感上的认同和匹配，国民对土光表现出信赖和认同。山冈的这般分析，着实一针见血。

那个时代所需要的，或许并非身为行政改革负责人的土光，而是代替全体国民承受不安的求道者。

警惕"画虎不成反类犬"

即便说临调时代的日本真正需要的并非身为行政改革负责人的土光，但他的"经营者人生"依然还是有许多值得学习之处。

依靠"基层的高人"和凛然的姿态这两大特质，土光取得了不凡的企业经营成绩，光是这一点，就非常值得我们学习和借鉴。此外，他的经营风格也是其"经营者人生"中值得学习的闪光点。

其一是"直接对话法经营"的重要性。纵观当今的日企，经营者中似乎存在过于轻视"直接对话法经营"的倾向。在我看来，必须在重视"直接对话法经营"的基础上，进一步认识到它在大型组织中的局限性，并将其与"间接对话法经营"搭配使用。

而橘川武郎在土光传记中的结论，亦包含与土光经营之启示相关的内容。在书中，橘川分析了进入 21 世纪后日本经济与日企呈现低迷状态的原因，并指出为了重振日本经济与日企，应向土光学习如下几点："为了重振日本经济与日企，我们应学习土光敏夫经营思想中'揭示长期愿景''发挥活力'的方针。倘若一味着眼于其经营思想中基于勤俭节约的'彻底的合理化'思维，便会一叶障目，错失上述方针。"橘川的上述阐述，与我的视角的确不同，指出了土光经营思想其他方面的要点。

由此可见，身为经营者的土光，有许多值得我们学习和借鉴之处。曾任《日本经济新闻》的记者并负责土光"我的履历书"相关采访的刀根浩一郎的感言，可谓发自肺腑地道出了土光的伟大及难以被效仿之处："我由于负责土光先生的'我的履历书'的相关采访工作，因此与他有直接交流。他很有人情味，且讲的道理也简单易懂，这让我明白自己也应该遵循土光先生那样的活法，可如果有人叫我从明天开始就实践，我敢预言，哪怕我再怎么努力，哪怕我倾注一生，也是绝对做不到的。他那样的活法虽然给人以'咫尺天涯'之感，可一旦试图效仿，就会发现他是与自己相隔几亿光年的遥远存在。这便是我对土光先生的实际印象。"

土光执掌东芝时立下的秘密钦定接班人岩田弍夫也有类似感想。他曾说过："土光先生一直过着艰苦朴素的生活。不过这'艰苦'，只是我们这些旁人眼中的印象。对他本人而言，这只是熟悉又平常的生活习惯而已。他寒冬不取暖，盛夏不求凉，把自己的生活要求控制在一个最为基本的低水平。但是他并不要求别人也这么做。至于我，既无法效仿他，也没想过要效仿他。在我看来，土光先生是只身求道者，他独自走着自己的路，迈向他人无法触及的极致境界。而我唯有一边仰望着他那高洁遥远的背影，一边力所能及地走着自己的路。"

"苟日新，日日新"般不懈努力的凡人，最终成为非凡的"地涌菩萨"。我认为，这便是对土光本色的恰当总结。

虽不能效仿，虽遥距数亿光年，虽犹如北极之星，但我们依然持续地追着这束光，试图让其为我们引路。这或许便是我们这些凡人应该做的。但同时也要警惕缺乏慎重的浅薄效仿，以避免"画虎不成反类犬"。

后　记

　　对作者而言，书稿只有在笔耕完成、审校结束后送至印刷厂付印时，方为真正大功告成之时。不管哪个作者，写的是什么书，此时都会有"总算搞定了"的释然。对于这本土光的评传，这种释然格外深刻和强烈，这或许由于这种释然感包含了两个层面。

　　其一是讲完土光敏夫复杂人生的释然。只要把土光生前担任过领导的组织一一列出，就可知其人生历程之复杂。石川岛芝浦涡轮机公司、石川岛播磨重工业、东芝、经团联、第二次临时行政调查会。当初志在研发现场的"人肉涡轮机"，最终竟成了国家行政改革的领袖人物。这般人生转变，可谓惊人。

　　不仅如此，土光面对接踵而至的三大难题，交出了"两胜一平"的答卷，并非一帆风顺。其实，上光的一生都不是一帆风顺的，报考中学时，他三度落榜；走上社会后，他又遭遇了"造船疑狱"的牢狱之灾；后来执掌东芝时，他又为了重建公司而陷入苦斗。由此可见，他的人生可谓波折坎坷。

而在个人生活方面，他也是朴素至极。受母亲的影响，土光长期巨额捐助橘学苑；此外，他不喜宴会，每周拾掇自家院子的田地……这些特质，颠覆了人们对企业经营者的传统印象。

若将土光的这些特质予以归纳总结，则正如本书第8章的末尾处所述——"苟日新，日日新"般不懈努力的凡人，最终成为非凡的"地涌菩萨"。这便是土光的人生。对于其如此漫长的人生历程，我终于以我的方式讲述完成，自然心生释然。

其二是完成我的"经营者评传三部曲"后的释然。最初我并未刻意定下"写完三部曲"之类的目标，可基于各种机缘和原委，最终我决定以日本二战后具有代表性的三位知名企业经营者为对象，书写他们的评传。

我先写的是 HONDA 的创始人本田宗一郎，然后写的是川崎制铁（现在的 JFE 控股公司）的首任社长西山弥太郎，第三人便是土光敏夫。对我而言，完成这三部曲，也是对日本战后史（尤其是直至经济泡沫破灭的历史）的一种回顾和梳理。西山弥太郎于日本经济高度成长期去世，本田宗一郎于经济泡沫破灭之年去世，而土光敏夫则在经济泡沫破灭的三年前去世。

我于日本投降的那一年出生，在二战后的经济高度成长期中长大成人，且亲身经历了日本经济泡沫的破灭。通过这三位人物的所见所感，我也回顾了日本二战后直至经济泡沫破灭前的繁荣时代。从该层面来看，这三部曲亦是我所处的时代的写照。

这三位经营者虽处于同一时代，但个性大相径庭，若分别用一句话概括，本田宗一郎可谓能力和角色方面的双天才，西山弥太郎可谓伟大的凡人，而土光敏夫则如本书第8章所述，可谓"北极之星"。至于我对此三人的感想，若分别也用一句话概括，对本田宗一郎是"世间竟有这般天才"，对西山弥太郎是"惊人的高瞻远瞩和宏伟蓝图"，而对土光敏夫则是"如此修行僧般的人生，实属罕见之翘楚"。

三人皆给人一种着实无法效仿的感觉，而土光给人的这种感觉愈发强烈。在我心中，土光是最遥不可及的存在。或许因为如此，我在评传三部曲中称呼前两位人物为宗一郎和弥太郎，可在写土光敏夫时，我没法称他"敏夫"，因为我不敢直呼其名。另外，我的父亲名为"敏雄"，这大概也是我抗拒使用"敏夫"的潜在理由吧。

下决心书写土光的评传，是在我担任东芝的外部董事时。我著的西山弥太郎的评传出版后，我和社里编辑聊天，曾谈及接下去再写的话，就要写土光敏夫了。2015年，东芝因会计问题曝光，我成了负责探讨东芝改革方向的人员之一，因此开始重新仔细研究被誉为"曾重建东芝的男人"的土光的经营者人生轨迹。

　　我之所以能在本书中坦然且详细地描述土光试图重建东芝的前后两阶段，其实得益于东芝提供的当时公司内部期刊中的丰富信息。2016年，我退任了东芝的外部董事，可东芝方面的相关人士依然慷慨提供包括照片在内的一系列资料，在此我深表感谢。此外，我还要感谢IHI（原石川岛播磨重工业）提供的公司内部期刊资料和照片，以及经团联事务局提供的相关资料。

　　本书的责任编辑是与我常年合作的日本经济新闻出版社的堀口祐介先生，他以一贯的高速度和高效率，为我出色完成了本书的编辑工作。在此，我由衷地表示感谢。

伊丹敬之

2017年7月

土光敏夫年谱

1896 年 9 月 15 日　生于冈山县御野郡大野村

1909 年 4 月　入学私立关西中学

1917 年 4 月　被东京高等工业学校录取。以"生长"的尖子身份入学

1920 年 4 月　入职石川岛造船所

1922 年 1 月　去瑞士 Escher Wyss & Cie. 公司"研修留学"

1924 年 10 月　从瑞士回国

1924 年 11 月　与栗田直子结婚

1929 年 5 月　研发成功当时日本国内最大的纯国产蒸汽涡轮机，并顺利交付秩父水泥公司

1936 年 6 月　石川岛芝浦涡轮机公司成立，以技术部部长的身份被外调至该公司

1937 年 7 月　就任石川岛芝浦涡轮机公司董事

1940 年 9 月　父亲菊次郎去世

1941 年 9 月　母亲登美宣布将从事女子教育的办学

活动

　　1942 年 4 月　母亲登美开办了 4 年制综合专科学校橘学苑女校

　　1945 年 4 月　母亲登美去世，土光接手橘女校的运营事业

　　1946 年 5 月　就任石川岛芝浦涡轮机公司社长

　　1950 年 6 月　就任石川岛重工业社长

　　1951 年 1 月　创立公司内部期刊《石川岛》，创刊号在年初发刊

　　1954 年 4 月　因"造船疑狱"被拘，最终被无罪释放

　　1957 年 11 月　就任东京芝浦电气公司外部董事

　　1958 年 12 月　石川岛在巴西的造船厂建成

　　1960 年 12 月　成立石川岛播磨重工业，担任首任社长

　　1962 年　相生第一工厂成为新船建造合计吨位排名世界第一的工厂

　　1963 年　石川岛播磨重工业成为世界第一的造船企业

　　1964 年 5 月　名古屋造船和名古屋重工与石川岛播磨重工业合并

　　1964 年 11 月　退任石川岛播磨重工业社长，改任会长

　　1965 年 5 月　就任东京芝浦电气公司社长

1966 年 5 月　进行董事干部"大换血"

1968 年 5 月　就任经团联副会长

1972 年 8 月　退任东芝社长，改任会长

1972 年 11 月　退任石播会长，改任董事顾问

1974 年 5 月　就任经团联会长

1976 年 6 月　退任东芝会长，改任董事顾问

1978 年 6 月　辞去石播的董事顾问，改任顾问

1980 年 5 月　退任经团联会长。辞去东芝的董事顾问，改任顾问

1981 年 3 月　就任第二次临时行政调查会会长

1982 年 7 月　通过电视台特别节目向全国观众展示"沙丁土光"的形象

1983 年 3 月　提交行政改革最终意见报告书，辞去临时行政调查会会长之职

1983 年 7 月　就任临时行政改革推进审议会会长

1986 年 6 月　辞去临时行政改革推进审议会会长之职

1986 年 11 月　被授予勋一等旭日桐花大绶章

1988 年 8 月 4 日　去世，享年 91 岁。

1988 年 9 月 7 日　在日本武道馆举行葬礼，规模堪比国葬

图书在版编目（CIP）数据

土光敏夫评传／（日）伊丹敬之 著；周征文 译. —北京：东方出版社，2024. 3
ISBN 978-7-5207-3601-5

Ⅰ.①土… Ⅱ.①伊… ②周… Ⅲ.①土光敏夫—评传 Ⅳ.①K833. 135. 38

中国国家版本馆 CIP 数据核字（2023）第 150113 号

本书中文简体字版权由汉和国际（香港）有限公司代理
中文简体字版专有权属东方出版社
著作权合同登记号 图字：01 - 2023 - 1449 号

土光敏夫评传
（TUGUANG MINFU PINGZHUAN）

作　　者：［日］伊丹敬之
译　　者：周征文
责任编辑：钱慧春
出　　版：东方出版社
发　　行：人民东方出版传媒有限公司
地　　址：北京市东城区朝阳门内大街 166 号
邮　　编：100010
印　　刷：北京文昌阁彩色印刷有限责任公司
版　　次：2024 年 3 月第 1 版
印　　次：2024 年 3 月第 1 次印刷
开　　本：787 毫米×1092 毫米　1/32
印　　张：9.875
字　　数：172 千字
书　　号：ISBN 978-7-5207-3601-5
定　　价：68.00 元
发行电话：(010) 85924663　85924644　85924641